“湖北省楚天中小学卓越班主任培养计划”学员专业发展丛书
总主编　王金涛

一线班主任带班史

主编　刘永存

YIXIAN BANZHUREN DAIBANSHI

WUHAN UNIVERSITY PRESS
武汉大学出版社

图书在版编目(CIP)数据

一线班主任带班史/刘永存主编.—武汉：武汉大学出版社，2018.11
“湖北省楚天中小学卓越班主任培养计划”学员专业发展丛书/
王金涛总主编
ISBN 978-7-307-20654-0

Ⅰ.一… Ⅱ.刘… Ⅲ.中小学—班主任工作—文集 Ⅳ.G635.16-53

中国版本图书馆 CIP 数据核字(2018)第 263524 号

责任编辑:陈　红　　责任校对:李孟潇　　版式设计:马　佳

出版发行：**武汉大学出版社**　(430072　武昌　珞珈山)
(电子邮件：cbs22@whu.edu.cn　网址：www.wdp.com.cn)
印刷:北京虎彩文化传播有限公司
开本:720×1000　1/16　印张:13.25　字数:191 千字　插页:1
版次:2018 年 11 月第 1 版　2018 年 11 月第 1 次印刷
ISBN 978-7-307-20654-0　定价:42.00 元

序

前不久，有一位年轻班主任找我，央求我帮他修改一篇教育论文。

看着这篇从网上东拼西凑而来的“文章”，我颇觉头疼，却碍于人情，推却不得。挤出一点闲暇，便和他有了如下对话：

“写文章多少要有点儿真东西，你先找一篇完全自己写的给我看看。”

“这个真没有，我是数学老师，不会写。”

“总有点儿总结材料吧？”

“基本不是自己写的。”

“那你说说平时怎么带班的？”

“就那样带，没啥。”

……

到这里，天已然聊死。

其实在日常工作中，这位30多岁的年轻班主任还是相当优秀的：班级管理有条不紊，学生对他敬爱有加，家长也都心服口服，找关系也要把孩子送进他的班。教学成绩更不用提，不仅数学教学在全市赫赫有名，班上每年考上重点高中的学生更是只多不少。

在长期的教师研究里，这样的班主任，我见的不算少：管班有一套，却不知道自己到底是哪一套；沟通有效果，却不明白自己用的什么技巧；遇事办法多，却搞不清办法好在哪儿。深入聊起来，能边边角角地说上一些，但如果不刻意引导，他们总是一脸懵，聊都聊不起来。

这是因为他们从不动笔。不要说严谨的文章，连一些拉拉杂杂的教育日记都没有写过。不把教育的经历凝固在文字里，就触摸不到自己过去的路，也无法认清现在的自己，更找不到未来的方向。

所以，他 30 岁时，我问他如何带班，他说不知道；40 岁时，我再问他，依然不会知道；然后退休时，还是“没有，就那样”。永远不知道这些年，他到底就“哪样”了。

这不能不说很可惜——他们花团锦簇的教育人生，终得一句苍白的“就那样”。

于是，我总是不厌其烦地跟老师们讲，平时要多写，多积累一些原始资料，自己写自己独特的教育史，就当是给许多年后退休的自己送上这一份“走心”的礼物。这“多写”的口号，我喊了很多年。今年，在湖北省第五届楚天中小学卓越班主任高级研修班里，我依然热情洋溢地呼喊着。

恰好，研修班有个导师也是教育写作的拥趸，他就是全国知名班主任秦望。他的研修课程之一，就是引导学员们审视自己的教育经历，然后经过系统研修，从容写出自己的“带班史”。

正所谓不谋而合。

翻开卓越班学员们交上来的那些或长或短的“史”，我有些莞尔：有些文笔稚嫩，看得出来真的并非语文教师出身；有些经历不长，处处都对外发送着“我真是新人”的信号；有些表达欲强，誓把导师标记的每个要点都写到位；当然，更多的是妙笔生花，完美还原了自己多年的教育生涯……

诚然，这些稿件从整体来看，并不完美，但它们却是最真实的表达。在写作的过程中，老师们已然回顾了这或长或短的教育生涯，重新审视了一遍自己，有些故事、有些人、有些做法，纵使他们一时还写不出来，但他们必然看到了自己亟待突破的边界。

再坚持往前走一会儿，就能走出瓶颈，到达一个广阔的新世界。这样的关键时刻，怎好不推一把？

由此，便有了本书的出版。

这已是卓越项目出版的第四本班主任专业图书了。与之前走实用风的出版路线不同，这是一本带有强烈启发色彩的书——通过展现优秀班主任的带班史，真实还原他们的教育教学生活，希冀让更多同仁从中汲取“营养素”，滋润自己不断锐进的教育人生。

很多时候，不是行动了，就会得到一个好结果。但行动却是一种坚决的态度。

诚如这本书的出版，与谋求一个好结果相比，我们更在乎的，是态度，是一种捍卫的姿态——那些充满鲜花和爱、充满成功喜悦和失败泪水的教育人生，对于每个老师来说，都是独一无二的存在，那些画面，不该被埋没在无情的时光里，它们应该被记起，被怀念，最后化作力量，支撑着老师们以一种骄傲的姿态，继续前行，从一个辉煌走向另一个。

“史”，从来不只为记录过去，更是为了面向未来。

出于这样的初衷，我们卓越班组委会，旗帜鲜明地出版了这本“教育史”。永远大张旗鼓地支持这样的专业写作，这就是我们不变的态度。

最后，分享一个小故事。

一个工作 30 多年的老教师即将退休，她在办公室环视了一圈，想看看有什么东西可以带回家做个纪念。

发黄的教案，并不比网上下载的好，教学参考书好像也没什么价值了。

她想了想，叫来收垃圾的，20 块钱卖掉了。

这时，她突然发现地上有一只水壶，想着或许还有些用，于是，她提着它回家了。

……

曾经，我无数次地问自己，为什么班主任一定要走专业成长之路？结合这个故事，我想，那至少能让故事里的这个退休老教师，多拎一本自己的“教育史”回家吧。

原来，最终，不过是大道至简。

刘永存

2018 年 10 月

目　录

我的生命因教育而精彩

河南省济源市第一中学　秦　望

从出生到考上大学，我一直在一个小村庄生活，高中虽然在县城一中读书，但也仅仅是生活在校园里，周末就回到乡村干农活儿。23岁之前我没走出过县城。我所在的村庄四五年才考出一个大学生，我自认为自己是比较笨的人，本应该一辈子平平淡淡在农村生活，娶妻生子，在日出而作、日入而息中慢慢变老。

人的生命有太多可能，初二那年我去县城，偶然的机会买了几本小书，印象最深的是《将帅青年时》，里面有周恩来的“大江歌罢掉头东，邃密群科济世穷。面壁十年图破壁，难酬蹈海亦英雄”以及毛泽东的“孩儿立志出乡关，学不成名誓不还。埋骨何须桑梓地，人生无处不青山”。这种精神力量一直支撑着我刻苦学习，也正是这一时期的生活给我的生命种下了读书的种子并影响至今。

我读高中时，节假日都要回乡下跟父母一起下田劳动，暑假则去建筑队做工，经受艰苦生活的磨炼。然而少年时代的苦难却是我一生的宝贵财富。这种磨炼体现在学习上就是能吃得许多同龄人吃不了的苦，在生活中能承受许多同龄人难以承受的艰难。至今母校的老师仍把我作为刻苦勤奋的榜样激励后来的学子。

用真诚与热情迎接职场危机

大学上的是很普通的学校，1995年大学毕业，按地区定向分配体制，我回到了自己初中的母校，内蒙古一所农村初中。这所农村学校生源不佳，老师经常领不到工资。对于一个满怀激情踏上教育之旅的年轻人，迎头泼来的却是一盆冷水。我埋头于自己的教学，但落寞的心情可想而知。当时想到了考研，可苦于没有经费，甚至连一本可读之书也难以找到。

正当此时，县一中急缺一名历史老师，政治系毕业的我有幸回到了县一中教历史。内心充满了焦虑与渴望，我满怀热忱地上路了，并且带一个班的班主任。令我意想不到的危机产生了，出于对年轻班主任的不信任，学生纷纷转班，有的老班主任带的班班级人数多者达七八十人，而我的九班最后只余四十多人。一记闷棍打在我的头上，令我晕头转向。

怎么办？怨天尤人吗？埋怨环境能解决自己眼前的危机吗？从小在农村艰难环境中磨炼出来的坚强的意志品质在此时发挥了作用。我迎难而上，暗暗下决心，一定要经营好这个班。那时的大学毕业生在小县城还比较少，我没有多少经验，凭着年轻人的真诚和热情，课上课下和学生打成一片，同甘共苦。开学军训时同学生一起在骄阳下暴晒，真诚地为每位学生和教官做好服务，休息时跟学生无所顾忌地聊天。年轻的心总是相通的。这个小小的集体每一位成员都憋足了一口气，训练格外认真。比赛那天，我班学生戴着整齐的军帽、雪白的手套，整齐的步伐和雄壮的口号征服了每一位评委，他们一致给我班打了最高分，拿了军训比赛第一名使大家精神为之一振。

良好的开端是成功的一半。大学时系卫生部长的工作经历或多或少使我积累了一些“管理经验”。班里学生大都来自农村，他们有着勤劳质朴的品质，但也有很多不良习惯。我从《班主任之友》上看到一篇关于量化管理的文章，于是量化管理成了我带班最初三年的法宝。从“量化管理”入手，在细节上规约集体习惯，包括同学老师见面如何打招呼，寝室成员如何相处；身先示范拖地、擦黑板、摆放桌椅；培养惜时、守纪、按时完成作业、总结归类以及同伴探讨互助的良好学习习惯。结果，这个班无论是成绩还是量化均居年级第一。三年后全县的文理状元均源于这个班。我也初尝被认可的成功的喜悦。

课余深度参与学生的日常生活。那时的课业远没有今天这样紧张。元旦，近处的同学都回家了，我邀请没有回家的学生到我自己简陋的家中一起包饺子，男孩子踊跃跳下地窖掏萝卜，女孩子则动手和面、剁馅，大家一块儿说着、笑着，吃着奇形怪状的自己动手的“作品”，心里充溢着甜蜜，师生的心贴得更近了；高三那年“五一”天气还有些许寒意，兴致盎然的同学们蹬着板车，驮着工具上山野炊，尽管山上气压低，在山沟里包的饺子煮成了片汤，但笑声一样激荡山谷，饭毕爬到山顶，男女同学分成两列对歌，歌声远播云霄，不知什么时候天空下起了小雨，着急的家长开着卡车前来接应……多年后读到李镇西老师的《与青春同行》，深有同感，仿佛那就是我的经历。

我班的任课教师，包括我在内大都是第一次带高三，没有什么经验。凭着一股热情和真诚，师生一起奋斗，2000 年高考，我班成为唯一完成高考升学任务的应届班。

那真是一段激情燃烧的岁月，本能地以为做老师就是这么简单、快乐和幸福。

激情的教育生活却也无法掩饰现实的乏味，毕业初期干事创业的冲动转为平淡。这时，爱人下岗，由于地方财政困难，我的工资也不能按时足量发放，经济生活陷入困境。

改变固有模式收获成长

我勇敢地丢掉了公办学校的编制，先后在山东、天津民办学校穿梭。我在一篇回忆录中记叙了最初的经历：2000 年 8 月，当我辞别亲人，坐上火车，几经周折，看着大片大片棉田从身边呼啸而过，只身来到江北水城气势恢宏的新学校，背着行囊穿过“人”字形大门时，我知道一种全新的生活开始了。然而，生活有时并非如我们想象的那样美好。前方等待我的将是什么？

中途接手高二一个文科班。我向原班主任和任课老师了解情况，他们反映这个班比较乱。根据以往的经验，我试图用“班法”来规约他们，以便使集体走上正轨。我在班会上热情地发表了演说，跟他们商量，讨论班规，并向学生征集意见，看同学们需要哪些帮助。结果反馈上来的东西让我大吃一惊。一位同学写道：“我助你尽快离开此地!”还有一位同学写道:“我缺钱,你能帮我吗?”我的第一反应,这根本不是正常学生。原来所谓成功的教育方法在这里全部失效,如果没有这样的人生遭遇,我会一直在小县城的一中“优秀”下去。

一次月考后放假,在离校的前一天,班里一位同学新买的电子辞典突然丢失,同学们议论纷纷。在离校前必须“破案”,否则东西只要带出学校就不好办了。我反复思量,决定让每位同学写一下在电子辞典丢失的那个时段,自己在做什么,有谁作证?阅后,找学生进一步了解,发现李同学的行为与自己所写出入最大。而且同学反映她平时就有拿人东西的习惯,她那个时段多次去卫生间。于是,我派同学去卫生间找,无果。我转念一想,那么短的时间,她很难把东西藏到别处。再派人去找,终于在卫生间铁管子后面找到了,大家可以安心回家了,欢呼起来。当得知东西被找到时她脸色极为难看。事后找她谈心,她死活不承认。但经过这一件事,大家对我的认同感增强了,觉得我是一个有能力的人。班级管理逐渐上路。

过了不久,有一位同学家长刚送来的一箱牛奶在宿舍突然丢了,我大脑中立刻闪过李同学请假回家的慌张神情,马上给她母亲打电话问孩子是否带回一箱牛奶,得到的答复是肯定的。这时她已回来,我抽冷子问:“你在哪里买的牛奶?”她知这次逃不过,镇定自若地承认:“是我拿的!”她也并不觉得自己有什么错。她家并不困难,可以说是班里数得上的富裕家庭。我对生命充满了惊奇,也激起了我深入探索的欲望。

私立学校特殊的生源和教育环境使我意识到自己过去的无知,那些“优秀”的光环其实是在生源好,别人不是很努力,自己很负责的情况下取得的。遭遇问题班级、问题学生我才获得了真正的成长。

山东作为孔子的故乡有着浓厚的读书氛围,学校图书馆配备了大量图书,我开始向书籍求助。这时一线班主任魏书生的《班主任工作漫谈》;成功学方面易发久的《成功一定有方法》和《拿破仑·希尔成功学全书》等逐渐进入我的视野。同时我也向身边优秀的教师学习。在阅读中寻找解决现实问题的答案，这些孩子大都缺乏远大理想，我决定从励志入手，做一些工作。

在几年探索中，把成功学中的一些理念和方法运用到班级管理，我逐渐形成了自己的励志教育十项法则：每天起床后的清晨六问，课间跑操喊班级励志口号，课前宣誓，唱励志歌曲，每天用“聪明的自我谈话法”进行自我谈话，每天入睡前的静夜六思，每周一次励志班会，每个月背诵励志美文，每个月看励志影片或演讲一场，每学期共读励志图书一本。

这些做法一定程度上改变了学生的精神面貌，帮助我在私立学校带出了几个优秀的班集体。

前不久回故乡讲学，和几个当年的老师朋友在一起聊天，感情依旧，但聊起教育他们一脸茫然。如果当初没有离开，我的生活模式一样会固化，生活在自足的“成功”里，也许就没有今天的成长。

在私立学校工作五年，我也基本解决了生活问题。2004 年，我辗转重回公办学校，来到了河南济源，我是带着新教育的理想而来的。因为在此之前我读到了朱永新的《新教育之梦》，朱老师用充满诗意的语言、澎湃的激情阐释的十个教育理想重新点燃了我心中对理想教育追求的圣火。

辗转突围中找到人生方向

多年的教育行走，我的外职业生涯没什么变化，但内职业生涯，比如经验、能力、视野、胸怀都有了质的改变，使我有能力应对更多的挑战。从民办学校回到公立学校，生源极大好转，但也面临新的问题。

任何人都不可能脱离他生活的时代和地域，河南省是全国第一人口大省，也是有名的高考难度较大的省。济源市是河南省最小的地级市，60 万人口的小市就有 9 所高中，高中普及率 90% 以上。我所在的学校是河南省首批省示范性高中，是一个拥有 515 亩校园面积和 120 多个教学班的巨型高中，当然是全市高考任务的主要承担者，班级升学指标高任务重。“早查操，晚查寝，中间还要盯得紧"成为班主任日常生活的常态。学生学习生活缺乏激情，老师整天逼着学生做题，学生视野狭窄，被动而无奈；老师在过度应试模式的打磨下失去了教学热情，机械而麻木。难道我的下半生就要在这样的状态下活下去吗？我再度陷入迷茫。

我在课堂上组织学生开展"课前五分钟历史小故事演讲"，组织学生表演历史剧，用激情的生命状态打动学生，学生的生命潜能被激发了，精神面貌焕然一新。我的课也受到学生热烈欢迎，一位同学在无记名评教中写道："我师秦望，乐观向上，为人正直，谈吐幽默，分析透彻，平易近人，吾师亦友。纵观风云，横看时局，分析国情，研究至深，爱国之情，涛涛拍岸；爱国之心，热血奔涌；豪情之志，直插云霄，人格魅力，大如狂浪，敢问天地，有再者乎？笑脸迎春，乐如弥勒；和蔼之至，无可描摹；笑声倚天，吞吐日月；星罗万象，尽在其中。秦望秦望，一定要旺，倘若不旺，并非秦望，山不过来，我就过去，没有失败，暂无胜矣。我师秦望，超人之慧，过人之识，新年佳节，一定要旺。"我的课也获得了2005年河南省历史优质课大赛一等奖。

这期间，我个人的阅读视野也愈来愈开阔，从朱永新走进李镇西，从李老师的著作中我读出了自己，我把搜集到的李老师的著作进行了细读，沉迷于李老师的精神世界。李老师与学生的血脉亲情及对中国教育的责任与使命感深深影响了我。我经常用李老师这句话来激励自己："我们可不可以在为学生打造高考敲门砖时，也给他们一些精神的东西？我们在教会学生适应社会的同时能不能也给他们心田里播下改造社会的理想的种子？不要说'这没用'更不要说这是'虚幻的梦想'，如果没有理想的教育，中华民族就没有了明天！"

2005年1月15日我以"历史教师"网名在"教育在线"上注册，我发在文科论坛上的第一个主题帖——《让学生和历史相亲相爱》，其中《新历史教育之梦》六大行动居然得到了朱永新老师的回帖："我们非常需要这样的探索。您可以申请一个子课题，与王雄等一起商量。"我欣喜若狂，先后给王雄老师写了五六封信，探讨新历史教育的问题，王老师思想之深刻、知识之广博令我无地自容。现在回想起来自己当时充满了幼稚的国家主义、民族主义情绪。在一次激烈的论战后，我为自己的无知脸红，于是遁迹书林。

我逐渐形成了自己的读书习惯，早晨与学生一起上早自习读教育学，晚睡前读历史学，工作期间抽间隙读杂志，一年购书6000元。2006年8月我又在教育在线班主任论坛上开了一个主题帖——《行走在高三的路上》，至2007年6月，共写了35万字，完整地记录了我和0401班共同成长的历程，得到网友的好评。要想写得精彩就得做得精彩，写作同时促进了我深入思考班级工作，平时精心设计每一次班会，策划每一次活动，记录和每一个学生的谈话……至今回头看看，都抑制不住内心的激动，那真是一笔宝贵的财富。后来，这个帖子整理成《光辉岁月——我与个性一班的高三之旅》由教育科学出版社出版，并入选《中国教育报》2011年影响教师的100本书。

和我一同应聘来济源一中工作的有100余人，来自全国26个省市，一部分是各大名牌师范院校的应届毕业生，一部分是有一定工作经验的老师。很快我就找到了不甘现状的志同道合的伙伴杨兵、王晓琳，我们一起在“教育在线”上行走，2005年我们成立了民间校本班主任团队，这就是后来我主持的全国知名的班主任工作室——“8+1”工作室，我们追随朱永新老师的新教育实验，走专业化发展道路，在每周一次的面对面研修中，我们逐渐打开了思路，最后形成了团队的“十大行动”，并结合学校实际，开发系列课程来改变我们的教育现状：师生共读课程、穿越论语课程、师生共写课程、生涯教育课程、系列班会课程、系列活动课程、视频观赏课程、教育电影课程、励志教育课程，这些课程不仅极大地改变了学生，也成就了教师，团队走出了全国知名青年班会专家杨兵、电影课程专家王晓琳、励志教育专家王磊等。我们充分利用学校每年一届的班主任论坛影响身边的老师，赴全国各地讲学数百场，如今“8+1”工作室已享誉全国，被《班主任》《班主任之友》《人民日报》《教育时报》《中国教育报》等多家媒体报道。我们在不断的对外交流中结识了大批一线名班主任，如李镇西、张万祥、丁如许、唐云增等前辈，还有众多新生代班主任，视野越来越开阔。

站在20年教师生涯，45年人生岁月的门槛上，我的人生方向越来越清晰：上好每一堂历史课，用思想引领学生成长；带好每一个班，给生命留下感动的日子；带好一个团队，让更多教师成长；做好一项研究，对班主任工作有所贡献。

如音符般跳跃，
奏出不一样的班主任人生

湖北省随州市季梁学校　曹云祥

当班主任，一开始只是偶然，并只持续了两个月。两年后，我才正式开始了当班主任的漫漫长征路。这其中，有满腔抱负，也有平静如水；有锐意改革，也有温情陪伴。可以说，我的班主任生涯，如同一首轻快的小调，在教育人生的乐谱上跳跃着，让我沉醉不已。

第一次班主任之旅：偶然申请后的惊喜

我初次当班主任只有两个月。

那是2002年的9月和10月。当时我在一所乡级初中任教。

和现在领导每年去给老师们做工作“求”着做班主任不一样，那几年，想当班主任还并不容易。

那时是择优录取。

学校实行班主任聘任制，末位淘汰，每到一个班组班子开始聘任科任教师时，就由班主任按重点年级重点班级往下一个个挑，那几天学校的空气总有点异样。

在这样的背景下，老师们基本上是抢着当班主任，能上的都是公认的比较有能力的人。

我那年的教学成绩还不错，一个人教两个班语文，在四个平行班中排前两名。于是试着申请班主任名额。

其实当时我还年轻，只是抱着试一试的想法，没承想申请居然通过了。这是我第一次当班主任，因此虽然时间过去了很多年，但脑海里还清晰地保留着对这个班级的回忆。

既然当了班主任，就一定离不开一些手段来塑造班级整体风貌。我的手段不多，但落脚点在坚持。

一是让学生写日记，读课外书。刚教书那几年，我到武汉听过于漪、钱梦龙等大师的课，从那时就开始关注教坛上的一些教育名家，并费了一些气力辗转地买到了一些名家们的书。其中对我影响最大的是魏书生老师。

初当班主任，没什么实战经验，用的一些招数都是学魏老师的。当时我觉得在魏老师的治班经验中，对学生影响最大的就是让学生写日记，看课外书。写日记是对自己日常生活的记录和反思，在文字中学生会流露自己的所思所想，人的各种情绪会通过文字得到宣泄，并且教师很容易把握学生的思想动态。写日记对学生的要求不高，怎样想就怎样写，规定字数，绝大部分同学都会跟着写。看课外书的环境并不好，很多科任老师只要看见教材以外的书就没收，但我还是鼓励学生看书，同时会在自己的藏书中搜集一些比较适合学生看的书作为奖励发给日记写得好的同学。十几年过去了，很多事情我忘记了，但当时获奖的同学在一片羡慕的目光中上讲台领书的一幕我却怎么也忘不掉。

二是狠抓课堂纪律。班是慢班，70 多人。很多学生基础特别差，上课纪律是一个很大的问题。我采用的方法是软的硬的一起上。先给学生讲道理、讲纪律的重要性，也给他们讲要尊重人，特别是要尊重老教师。然后就是安排人记名字。我总是在班上多安排几个人同时记，因为如果总是安排那一两个班干部容易得罪人，他们也不好开展工作。记几次名后，我发现说话的老是那几个人。我就再找他们一个一个谈话，做思想工作，罚他们写说明书。在我的多方努力下，我们班的课堂纪律在三个平行班中是最好的，这是同时带多个班级的物理、英语等科任老师的统一评价。

那时班上有四个问题学生几乎花掉了我一半的精力。其中，问题最大的一个男生曾辍一年学出去“闯江湖”，然后又回到校园，江湖痞性难改。有一天晚上，这几个学生在宿舍不睡觉，一直吵闹，我就把他们拉出来一个个训话。

突然，那个闯荡过江湖的学生慢悠悠地说："不要太管严了，要给自己留条后路。"我当时血气方刚，立马就怼过去："我就在这里，你随时来找我。"对待这几个问题学生，只要他们犯错误了，我就和他们谈话，一谈就是半天，一直说到他们闭嘴。最后因为坚持原则，所以他们反而比较服气了。

最后，这四个学生有两个直接被我任命为管纪律的临时副班长，我承诺，如果干得好且不犯错就转正。还有一个做了卫生委员，最后一个上课就睡觉，做事也不积极，实在不好提拔。除此之外，我在班上经常表扬他们的每一点进步。

这种戴高帽的方法还是很管用的，首先这几个问题学生就被管住了，至少我找他们谈话时双方不会闹得太僵。

两个月过去后，因为当时我们这所乡级初中有一排房子被鉴定为危房，学校的应对方法之一就是缩班，原来初二人均 70 多人的五个班缩减到四个班，我这个新班主任就此出局。

虽然我当班主任的时间只有两个月，还没来得及大展拳脚，但这份经历在我脑海里留下了很深的印象，就好比融入了一场剧情激烈的电影，每时每刻都有紧张的故事，扣人心弦。

第二次班主任之旅：漫长时光中的尽心尽力

再次当班主任是两年以后的事了。

这个时候，学校的教学环境发生了大变化。因为生源减少，学校布局调整，大队办的村小全部撤销，初中集中到镇上，我们这所初中完全成了小学，有能力的优秀教师都通过讲课打分被选拔到镇直学校。当时，学校教师处于青黄不接甚至缺人的状态，末位淘汰制也不见提了，班主任的地位急转直下。班主任工作任务重，也没什么待遇，每天都要查寝，几乎不能离校。有些以前带重点班的老班主任说什么也不干了，我就这样幸运地做了替补，从此就再没卸下这份担子。

这段漫长的班主任经历就好比一部情节冗长的电视连续剧，套路常见，并没有特别让人热血沸腾的时刻。于我而言，主要是尽心尽力地做好学校安排的各项工作，感觉没有什么特别的地方。小学生都比较容易管理，不像以前初中那样，几乎每天都有操不完的心。

我就这样，在这个乡村小学里悠闲地带着班，和学生们较好地相处着。当时的乡村学校相对还是封闭一些的，互联网又没有现在这么发达，因此我们对外界的信息接收得比较迟钝。外出学习也有过，就是2009年暑假参加农村老师提高培训工程。但那次培训内容主要是针对语文教学方面的，对我的语文课堂教学有过一些影响，但在班主任工作方面我并无新的认识。尽管外面的各种班级文化建设浪潮风起云涌，但我在偏离城镇的乡村小学，成为桃花源中人，不知有汉，无论魏晋。

对于班级管理，我觉得小学阶段大部分时间是语数老师在和学生打交道，只要语数老师课堂效率提高了，学生课堂学习积极性就提高了，班风自然也不会差。因此，在课堂教学上，我还是花了一定工夫，力争让课堂轻松，高效，以调动学生的学习积极性。

这段时间里，一以贯之的是我一直鼓励学生读课外书。乡村孩子大多家里没有藏书，买一本合适的课外书很难。那个时候还没流行网上购物，不像现在买书这么方便。记得有一次让学生买作文书，有个学生竟然带了一本高中生作文，说是奶奶在书店买的。除了学校规定收取的费用，我们不允许向学生收任何费用，所以我也不好收钱集中购书，就自己在旧书摊上买了几十本《儿童文学》、《故事大王》之类的杂志。这些杂志故事性强，通俗易懂，比较符合学生的阅读水平。我尽量做到全班每人能有一本。好几届学生都阅读了那些书，最后书都破烂不堪了。当时的阅读氛围并不是很好，有个别班的老师认为课外书是闲书，看见了就要没收，因此，我每次让学生看课外书就像搞地下工作似的。

一路走来，我最大的感受是教学任务不是很重，但是学生好动，又多是住宿生，一周吃喝都在学校，班主任面临的最大问题就是学生活动安全。对于小学生，你光强调安全没什么用，得靠班主任多到班上走走，多陪陪孩子。十几年来，虽然家离学校不是太远，但我还是坚持住校，守着这一群孩子。这是我所能想到做到的最朴实的陪伴。

在乡里做了十几年的小学班主任，身处教育的漩涡，和形形色色的家长打交道，和各种不同风格的学校领导打交道，也经历了学生中发生的大大小小的各种事件，初当班主任时的满腔激情逐渐消磨在岁月的河流里。但是对待工作，我还是坚持了一个班主任的底线，那就是尊重学生，爱护学生。记得农村寄宿制学校有一个“两免一补”政策，困难学生会得到一笔补助，学校将名额分配到每个班，每到这个时候，总有人给班主任打招呼说情，想照顾一下自己的亲戚。但我每年都顶住了压力，报上去的名单都是实实在在有困难的。为此，我确实得罪了少数人，但也在学校博得了好名声，大家都说我办事过硬。只有我知道，我并非为了这个名声，就如同我悄无声息十几年的住校生涯一样，我只是执拗地认为，事关学生的利益，我要为他们维护好。这就是在踏踏实实地爱护他们。

第三次班主任之旅：新的学校新的挑战

2016年秋，我因为统考成绩突出，被调动到现在工作的季梁学校。新的学校有新的挑战。作为班主任，我第一次迫切地感受到学习的重要性。

这是一所新建的九年一贯制学校，位于经济开发区，主要面向进城务工子女。政府投资很大，硬件设施很好，校领导大力推进书香校园文化建设，每个班级都建有图书角，每天规定读书时间，安排学生干部检查，读书氛围很好。

10月，领导安排我参加为期两年的楚天卓越班主任培训。第一次七天的集中培训让我开阔了眼界，我听了许多优秀的一线班主任的报告，学习到许多班级文化建设的生动例子，突然感觉自己虽然做了多年的班主任，但在班级文化建设等许多方面还是一片空白，要做一个专业的班主任还有许多事情要做。

这次集中培训给我最大的收获是学会用研究的目光看待问题。把班级工作中遇到的每一个问题清理出来，用研究的目光去看这些问题该怎么解决，怎样解决最好。后来我在《班主任之友》杂志上读到了很多这样的案例，诸如排座位、收作业、自习纪律等都是班主任工作中常见的话题，作者都能抱有一种研究的心态去探索问题，唯其如此，才能把普通的班主任工作做得特别出色。

分组培训，我选择了班主任专业成长培训小组，幸运地遇到了秦望导师，也认识了同组许多优秀的研修伙伴。小组平均每月有一次网络研修，每次研修导师都安排有学习任务。定期的网络研修，让我在繁忙的教学中抬起头来，呼吸一口域外新鲜的空气。

秦望导师的研修思路非常清晰，第一阶段，让我们认识自己，推荐了乐嘉的性格色彩学系列图书研读。这些书让我学会用宽容的心态去对待身边的每一个人，每个人有他自身的性格色彩，每个性格色彩有他自身的优势和劣势，我们无须对周围的人求全责备。第二阶段，找自己的生命原型。在这个过程中我认识到很多优秀的人，但他们都是他们自己，你所要找的原型必须契合你自己的经历，性格特征，是你经过努力后可以达到的目标。先是喜欢李镇西老师的文字，通俗易懂，接地气，后来发现李老师有很多优点我实在学不来，我做不了李镇西。后来读到海量阅读创始人韩兴娥的教学观点和我的想法类似，决心把指导学生海量阅读作为自己的努力方向。第三阶段，做一项课题研究，写出研究报告。这个阶段需要平时的思考和行动，也要做好大量的资料收集整理工作。我觉得这是一个转型，让我们努力做一个研究型的教师，用研究的心态对待我们教学中存在的问题，找到解决问题的最佳方式。

秦望导师在每一个阶段都躬亲示范，给我们推荐书籍，以自己的亲身工作案例启发我们，带动引领我们在班主任研修之路上稳步前行。

集训回来后，我的教学工作还是有了一些改变。我也尝试着在班级文化建设上做一些事情。我班的学生从开学第一天起就写日记，平时我会把一些好的日记发到班级群中，主管教学的张校长是个读书人，爱读书写作，他知道后就让我把作文周报办起来。在六年级下学期这半年，我坚持每周出一期作文专刊，把学生每周的习作择优刊登，到学期末结束，共编了十六期，十多万字。到毕业时，用学生平时学习生活的照片设计成精美的封面，发给学生以作留念。让学生写日记对我来说有十几年的历史了，所以在这个过程中我也积累了一些训练经验，初步形成了自己的训练模式。通过写日记和办周报，一些学生的写作潜力得以开发，全班的整体写作水平也有很大提高。现在常提班本课程，我想日记就是我们的班本课程吧，通过写日记，讲日记，出周报，无形中就在班上形成了一股良好的学习风气。

回首我的班主任工作历程，还是很幸运。在不惑之年，我踏上了卓越班主任培训的旅程，在导师的引领下，一步步读书、思考、实践，在平凡的教学工作中，用心书写自己的教育故事。往前看，还有很长的一段路要走，但是有智者引领，有学子相伴，这一路，应该不会寂寞。

他是差生又如何

湖北省随州市季梁学校　曹云祥

“这个谦分到你们班了，你背时啊！他可是年级倒数第一！”一拿到六年级分班名单，几个老班主任就一脸同情地看着我。

谦在学校十分出名。从一年级到五年级，他考试一直是倒数。只要监考老师收到白卷，不用看，肯定是谦的。

“这语文不还有 10 分吗？”我拿着成绩册问。

谦的原班主任头也不抬地回答：“哈哈，抄的。”

就这样，谦成了我的学生。

面对谦这样的学生，数学老师先出手了。他是个工作热情高涨的老教师，下决心非要把谦教好。他把人高马大的谦调到前排，和班级第一名坐一起，上课就点谦回答问题，不过只过了一段时间，就被气得直摇头，把谦给调回原位了。

我开始不经意地观察谦，发现虽然他在学习上不可救药，但上课时却从不捣乱。时间一长，有些优点反而逐渐闪现，让我对他刮目相看。

那是一次中午自习课，教室里独缺谦一人。气氛有些微妙，我渐渐烦躁时，谦过来了。他一路气喘吁吁，手里提着我们班的学生奶。外面天气还很热，我们教室又在四楼，领学生奶可不是个好差事。我这才发现，原本安排的几个领学生奶的班干部都在教室里稳坐如山呢。

这下我对谦有数了，真的是个好学生。当着全班学生的面，我郑重地表扬了谦。

接下来我发现，谦的动手能力确实比别的学生要强。就拿扫清洁区来说，一直令我头痛，只要老师不到场，那些小男生上课了也扫不好巴掌大的一块地。到场了更气人，那扫帚就往天上扫，地上垃圾赶过来赶过去，就是到不了撮箕。这个时候，也只有谦扫得还像个样子，安排他的地儿很快就能扫好。

我决心在学习上帮谦一把。

我和他谈话了解他家里的情况。他父母工作都很辛苦，很晚才回家，家里还给他报了补习班，放学后就去做作业。谦的字虽然不好，看上去东涂西抹，但是还在做，特别是数学老师要求很严，但谦的数学作业也还坚持在写。他在补习班时也做我布置的作业，不过是乱抄，我知道没什么用。

我拿了本故事书，让谦把字念给我听，出乎意料，他认识很多字。学生告诉我，谦其实不笨，不过从一年级起就不爱学习，老师也没管他，就成了这个样子。

我给他找了一些简单的童话故事书。我对谦说，上我的课你不用听讲，你就看课外书，把不认识的字抄下来，让同桌教你认。等你看过几十本书，理解能力提高了，你再跟着我们一起做作业。

于是，班上出现了“奇景”——在我的课上，谦总是默默地看课外书。我慢慢试着对他提高要求，他竟然也能背下语文课文上的词语并默写出来。谦自己很高兴，同学们也很惊奇。

上学期结束，谦的考试成绩依然没有大的起色，语文就填了几个空。

他的成绩影响了班级排位，但是我从来没有严厉地批评过他，相反，我总是拿他踏实做事的事例来教育学生，他的很多优点是班上其他优生都不具备的。

很多老师十分在意班上的差生，因为只要班级存在一个差生，就会直接影响及格率，人平分，班级排位。但我认为，教育不该只有成绩一个标准，有的学生可能确实不适合读书，但这并不妨碍他将来在社会上成长为合格的公民，我们何苦在求学阶段，为了所谓的升学率、优秀率，给所谓的差生以白眼、呵斥，剥夺孩子快乐的童年，我们有什么权力这样做？只要学生遵规守纪，就都是好学生。顺应孩子天性，给予合理的教育引导，让孩子快乐成长，这就足够了。

坚守一份责任，奉献一颗真心

湖北省十堰市东风20小学　付荣琴

我是十堰市东风20小学的一名普普通通的教师，18岁走上工作岗位，扎根教坛30余年，窄窄的三尺讲台，挥尽了人生最美好的青春；拳拳的爱生之心，铺就出生命最辉煌的底色。

一份忠心献给事业

从教30余年来，我把教育事业看成自己生命的一部分，始终以"为了孩子的一切，一切为了孩子"的心态，全身心地投入教育教学工作之中，用自己的炽热情怀书写一个普通教师对教育的无限忠诚。

由于长期劳累过度，我在2013年暑假不幸查出患上脑膜瘤，于7月24日做了开颅手术。当年9月开学初，作为二年级二班的班主任兼语文老师，我的教学岗位不可缺少。那时学校领导急得像热锅上的蚂蚁，学校可是一个萝卜一个坑啊。领导考虑到我刚做完手术不久需要静心休养，但是又为学校人手紧缺，无法维持正常的教学秩序而犯难，我所带的班怎么办呢？于是领导试探性地跟我进行了沟通，我一听就明白了：学校缺老师，孩子们缺"头儿"啊！我返回医院，询问医生，医生斟酌再三，勉为其难地答应了我一边疗养一边上班的请求。于是我解了领导的燃眉之急，毅然回到了工作岗位，虽然因为身体虚弱，手术后遗症，手依然发抖，腿依然站不稳，走路依然颤颤巍巍，说话依然很费力，但是我就这样坚持站在了三尺讲台上，而且没有耽误过学生一节课，没有影响一丝一毫的教学工作。即使再难受，一旦站在三尺讲台上，我就不允许自己流露出丝毫的倦态，瘦弱的身躯便立刻焕发出无穷的能量，铿锵有力的声音时时回荡在教室上空，回荡在每个学生的心中。

虽然病痛折磨着我，但我欣喜地发现了孩子们的变化：我班这些刚升入二年级的小娃娃们仿佛一夜之间长大了、懂事了，异常乖巧。他们知道老师生病了，讲课费力费神，上课没有一个说小话的，没有一个做小动作的，没有一个惹老师生气的。下课后，孩子们纷纷围在我身边，像小大人一样地把我扶到办公室；怕我口渴，又抱着暖水瓶给我倒了满满一杯白开水，细心地对着杯口呼呼吹气。小宋怯生生地站在我身边不好意思地说："付老师，我想给你讲个笑话，你一笑就忘记疼了。"当时的我眼角湿润了，嗓音哽咽了……这股感动的情结在心中徘徊了好久好久都消散不下去。

我自豪啊！因为作为老师，我传递的不仅仅是知识，更是一种坚持、一种信念！

这期间，因为伤口缝合时所用美容线的过敏反应，伤口再次发炎，不停地流脓流血，我不得不再次返回医院就医，为了不耽误学生，一直坚持到国庆节，利用假期再次住进医院就诊。领导及同事都劝我不要硬撑，可是我哪里放得下这 56 个孩子啊！

这种坚持，这种执着，不正是来源于一个教师多年来对教育事业的那颗忠心吗？

一颗爱心献给学生

身为班主任，我总是全身心地投入工作之中，重视学生良好行为习惯的养成教育，时时处处言传身教。思想上关心学生，情感上亲近学生，生活上关怀学生。

记得 2014 年 3 月 28 日，学校组织了一年一度的春季走进大自然的教育实践活动，目的地是房县的野人谷和野人洞。出发前，作为班主任的我一再强调安全问题，没想到到了柳树椏脚下，有个学生因为习惯性地憋不住尿，就强烈要求停车上厕所，其他孩子也纷纷效仿，不得已，我违背心意地告诉孩子就地解决，让男孩子面向北、女孩子面向南撒尿，最后下车的小贺同学一边走向角落一边低声嘀咕着："我到那边去，男孩子好'色'"。一泡尿不到的工夫，只听一个学生大声对我嚷嚷："老师，不得了啦！有人掉沟里了。"我顿时一惊，赶忙摇摇晃晃地向离我仅两米不到的出事地点奔去，不看不知道，一看吓得惊出了一身冷汗，妈呀，这哪里是"沟"啊，是农村孩子经常出事的化粪池。一看孩子已经被粪水淹到了脖颈处，这还了得？这可是有毒物啊，万一呛着了或者吸进一口会堵塞呼吸道而致人性命的呀！情急之下，本来因为晕车走路都打飘的我不知道哪来的一股神力，本能地扑向大粪池，一把抓起孩子的领口，使出洪荒之力拼命把孩子往外拽，当时体重不足 90 斤刚做完开颅手术不到半年的我只有一个念头，不管怎么样，我一定要救出孩子！当我把孩子救上来后，自己浑身一点力气也没有了，刺鼻的味道促使我哇哇大吐，吐完，我又果断地带孩子去河边清洗身上的脏物，清理脏衣。回到车上，向其他学生借衣服，又用塑料袋把孩子冻得凉冰冰的小脚包起来。到了土城镇，我到路边小店买鞋子袜子给孩子穿上。一路上，我不停地询问孩子发不发烧，难不难受，倒腾得我更加晕晕乎乎，还得不时给家长做工作。到了目的地，受了惊吓的孩子总是怯生生地、紧紧地扯着我的衣角，那时那刻的我除了心疼还能怎么办呢？回到学校，我又拖着疲惫的身子费尽口舌地跟家长做解释工作，连续两天的周末，总是提心吊胆，不停地跟家长联系，不停地询问孩子的身体情况，而自己吃什么吐什么，晚上总是做噩梦，梦见自己救孩子时被拉下粪池，呛得拼命呼救却无人回应，拼命挣扎却难以动弹……然后惊醒，一夜无眠，这样的情景一直持续了两个礼拜。

这种本能的行为不正是我们当老师的疼爱学生的充分体现吗？

一份耐心献给孩子

"德为师之本"。几十年来，我努力做到关心和呵护每一位学生，做他们学习和生活中的良师益友。始终坚持一个信念，那就是"不抛弃、不放弃"。真正做到"润物细无声"。

一直以来，我总是耐心地对待每一个需要关爱的学生。记得上一届带一年级的时候，招生时，一下子来了三个有医院证明的多动症孩子，学校领导头都是大的，怎么办？这样的孩子分在哪个班都不好处理，一方面因为智力问题怕影响班级总成绩，另一方面怕这样的孩子受到歧视。考虑再三，学校分管教学的叶副校长找到了我。当明白领导的来意后，我二话没说，毅然接收了这三个特殊的孩子。开学第一天，当我把这三个孩子带进教室时，班里小朋友都对着他们喊“傻子”，于是，我引导全班小朋友不能这样没礼貌，告诉他们这三个孩子是咱们班的一员，咱们班是个大家庭，不可以自家人取笑自家人，并做了“严格的规定”，从开学第一天起，要像对待自己的亲兄弟亲姐妹一样去帮助他们，去关爱他们，不能再叫他们“傻子”了。之后六年，我们班没有任何人歧视过那三个特殊的孩子。

六年里，我特别关爱这几个孩子，不记得有多少次，在辅导他们写作业时，手背上都残留了这三个孩子从嘴里、鼻孔里流下的口水和鼻涕。每每这时，我总是细心地从事先准备好的衣服口袋里拿出纸巾，先是为他们擦干净小脸儿，然后再洗去手背上的脏物。起初，回到办公室，我恶心得连茶水都吞不下去，回到家饭也咽不下去，渐渐地，自己也就习以为常了。再后来，我成了这三个孩子的“妈妈”。春游时，孩子们紧紧跟在我身后，叫着“妈妈，妈妈”！孩子把我当成了妈妈，以寻求妈妈般的保护；课间，孩子们紧紧地跟着我走进办公室，以寻求妈妈般的关照。在我和同事们的精心呵护下，这三朵稚嫩娇弱的花儿，渐渐地绽放开来，散发出淡淡的清香。毕业统考时，我们班的语文成绩人均达到了 92.2 分，这三个特殊的孩子也都不低于 85 分。至今，虽然孩子们已经毕业整整五年了，但是这些孩子仍然每个月打来一个电话问候，每学期来学校或者去家里亲自看望我。同事们都开玩笑地说：“你有三个好儿女呢。”

是啊，30 多年来，自己把耐心给了每一个爱着的学生，一如自己的孩子！

如今，自己瘦弱而坚强的身影依旧奔波忙碌在校园的各个角落里，如所有普普通通的老师一样，坚守着自己的一份沉甸甸的责任。我不求名不求利，把忠心献给了事业，把爱心献给了学生，把耐心献给了孩子，把热心献给了同事。我任劳任怨，无怨无悔，用一颗真诚善良的心感动着身边的每一个人，也影响着身边的每一个人。

微笑是一把神奇的钥匙

湖北省十堰市东风20小学　付荣琴

微笑能消除人与人之间的隔阂，建立深厚的感情。在教育中，微笑同样具有神奇的魅力。适时的微笑，能够建立良好的师生关系，优化课堂教学，帮助学生养成乐观积极的心态。教师在教育教学过程中，要用爱心和微笑构建一个和谐、稳定的学习氛围，让学生在老师的微笑中快乐地学习，健康地成长。

从事小学教育33年，担任班主任工作也是30年有余，在漫长而又平凡的教育教学工作中，我深深地体会到，担任班主任工作累并快乐着，累是因为班主任工作繁琐，事无巨细；快乐是因为我从中收获到：笑在班主任工作中的无穷魅力。

不苟言笑让我尴尬

33年前，18岁的我满怀激情，走上了向往已久的三尺讲台。站在这让人激动万分的讲台上，面对着充满渴望而又稚嫩单纯的76双眼睛，我一脸严肃，一本正经地向孩子们宣布我的就职演说："同学们，从今天起，你们就得无条件服从我的命令，我让你们向东，你们不得向西，我让你们向左，你们不得向右，如果谁敢反抗，教鞭伺候……"

一番严词下来，孩子们似乎很乖顺，那时我初为人师，必须给学生下马威的想法好像是得到了证实，误以为从此以后，我就是孩子们的"皇上"，他们无不会对我俯首称臣，我的工作也会得心应手——我可以高枕无忧地干我自己想干的事了。

我至今不会忘记那节所谓的新教师研讨课。台下除了76双被我征服的眼睛，更多了来自于县教研室、校教务处组织的评委会成员，加上同年级的其他 6 个平行班老师，一行 20 人有余，黑压压地坐在我的教室后边，面带微笑，充满期待，以为我这个当年的高才生会展示一节别开生面、引人入胜的公开课。

谁曾想，40 分钟结束，我讲了什么，孩子们学了什么，听课老师都不得而知，只记得评课老师们说得最婉转的一句话是“我们当老师的，面对的是活泼天真的孩子，是有血有肉的孩子，是来学习体会什么是爱，什么是情，从而懂得爱恨，懂得感恩的孩子，不是机器！这节课，老师不苟言笑，学生面无表情，这么好抒发情感的文章，却被践踏成了呆头呆脑的榆木文章，哎——”

事后，我回忆起来，孩子们在有感情地分角色朗读课文时，所有角色都是一个腔调，哪里有什么抑扬顿挫？哪里有什么激越悲壮？

当天夜里，我辗转反侧，反思这段时间的教育教学方法，跟同年级其他班级的学生进行了比较，孩子们见了我就像老鼠见了猫，避之不及，老师与学生之间形同陌路，这哪是我当老师的初衷呢？难怪其他班的孩子见到他们的老师亲热得像一家人，拉着老师的手，叽叽喳喳说个不停，而我的学生，没有一个孩子跟我有一丝一毫的亲热劲，原来这一切都是我“不苟言笑”惹的祸，不行，我得改。

微笑魅力无穷

一次语文课上，学生很专心，我讲得很投入，课堂气氛非常活跃，每一个问题一双双小手都争先恐后地举起。我看到平时学习很困难、课上几乎不举手的王琰同学也怯怯地举起了手，我心里格外高兴，抓住机会，让她回答。当我点到她的名字时，同学们惊奇诧异的目光一齐投向她，她显得格外慌张，有些调皮的学生笑了起来，王琰脸红了，说话吞吞吐吐，声音也越来越小了。我赶紧用眼神制止了那些起哄的学生，又面带微笑，用十分信任的目光注视着她，只见她渐渐恢复了平静，声音大了，回答的也基本准确，且说出了自己独到的见解。我又微笑着请她坐下，并在全班同学面前鼓励了她一番，教室内随即想起了雷鸣般的掌声。从那以后，王琰上课用心了，发言积极主动，成绩自然不断上升。

与学生嬉戏时，我同他们一样开心地笑；与学生谈心时，我的心情是那样的舒畅，我和学生像好朋友一样倾心交谈，微笑常伴随我。当学生遇到困难时，我用微笑给他们力量；当学生改正了缺点时，我更是用微笑作为最好的奖赏。当学生取得成绩时，我依旧用微笑鼓励他。我发觉我的微笑越多，学生显得越活泼可爱，我的工作劲头更足了。

班主任工作使我真正懂得了教师的微笑。微笑是教育学生最好的一件武器，一种手段；微笑，是照耀幼苗的一缕阳光，是滋润学生心田的一泓甘泉，是架起师生之间友好感情的一架桥梁。今后，我会将微笑作为一把钥匙，不断打开学生的心门，带领他们快乐成长。

班主任晋级“四部曲”

湖北省十堰市东风第一小学　顾　敏

回顾多年班主任生涯，从青春慕艾走到中年，无论是工作还是生活，都是一路成长一路歌。细数这些感动时刻，才发现，每一个阶段的自己，都是一个斗志昂扬、永不服输的自己，我终究没有辜负那些岁月。

“初部曲”：认真稳重的“好姐姐”

初当班主任，有的是强烈的荣誉感，每天都在为自己加油，想得最多的就是一定努力做一个细心认真、责任心强的班主任。

在这个阶段，我最重视的是与学生之间建立良好的关系。当然，我做到了。

因为是自己手把手把班级带上去的，所以我对每个同学的特点、秉性都了然于心。平时，我不仅用语言传递信息，还会用动作、表情传递信息，用眼神与学生交流。学生们习惯了我的一举手一投足，每每一个手势、一个动作都能心领神会，这样就形成了良好、融洽的师生氛围。我会利用一切机会，甚至有意创造机会，使勤奋、宁静、宽容等好习惯、好品质在孩子们的身上固定下来。例如：在新年寄语中，我会对孩子们说“祝福属羊的小朋友个个成为人见人爱的喜羊羊，美羊羊，学习上的领头羊；祝福属马的小朋友个个是千里马，优质的良驹，在班级里形成万马奔腾的格局，在学习中能够马到成功!”果然，孩子们没有让我失望，在小学毕业会考中，七班同学取得了优异的成绩，回报了母校，也回报了对他们付出六年心血的“顾姐姐”。

“二部曲”：创新求实的“前卫辣妈”

经历了几年的班主任打磨，我渐渐认识到作为一个班主任，光有责任心是不够的，还应该是一个有思想肯钻研的班主任，我一直认为成功往往就是比别人多走了一步。因此我总是会在休息时间大量阅读国内外的教育名著，也广泛涉猎国内发行的各种教育报刊，凡引起我注意的文章或观点，我都会勾勾画画，在后面做评注。后来的几年间，我先后阅读了《班主任之友》《班级管理》《成长比分数更重要》《第56号教室的奇迹》《故事中的教育理念更新》……我知道，广泛阅读能开阔眼界，启迪思维，学习别人的经验，能使我们对教育的情感更加纯洁。

在班主任工作中，我们应该多注重学生的素质教育，所以要经常鼓励学生多参加社会实践活动，多走进社会，融入生活。六年级作为毕业班，其他班级都在忙着补习功课，我们班的同学却在忙着编写菜谱，讨论如何买菜做出各种美味佳肴；忙着制作幻灯片，探寻历史的足迹；忙着小组合作，休息日上街卖报纸；忙着开展毕业主题班队会，给母校留下美好的回忆……我想让孩子们知道，来学校不光是学知识，也是通过和各种类型同学的交往磨炼培养自己的过程。

“三部曲”：爱动脑筋的“懒妈妈”

我习惯于在做具体事情之前，把思想动员上的事情先做完，因为我深深地懂得一个小道理：思想决定行动，当我把学生从思想上“忽悠”得慷慨激昂了，那丁点儿小事情还有劳我亲自动手吗？

每学期开学初，我总要做开学前的班干部动员大会，事先准备好这一学期需要做哪些工作，会开展哪些活动，需要准备哪些资料，有哪些班级建设……把这学期的计划念给他们听。稿子念完，我的思想和理念也就进入了他们的脑海。每到一段时间，学生就会提醒我，该开展这项或那项工作了，并且已经有班干部主动抢着给老师忙这忙那，做这做那，各司其职，完全不必我操心，只需当个顾问！这样，一学期下来，班级既能有条不紊地进行日常管理又能按计划举行校内以及班级的各种比赛和各类实践活动。

原来做一个会“偷懒”的“妈妈”，关键不是自己不做，而是如何运筹帷幄，如何调动学生的积极性，如何使班主任把体力劳动变成一项有教育技术含量的工作。

“四部曲”：有领导力的“班主任”

在我和家长们的共同努力下，我们组建成立了七班家长委员会，建立班级飞信群(微信家长群)，开设班级博客，增设微信公众平台号。不定期地为班级组织一些有意义的活动，为班级这个大家庭成功地构建一个展示、交流、学习的平台。例如：我们从一年级开始就在网上开办了东风一小一年级七班的博客，通过网络，展示了七班同学从一年级到六年级这六年来在校的学习、生活情况，让大家可以随时随地互相交流，并通过“我们的日记”、“科技小报”、“我们的小制作”的展示、运动会、跳远比赛等活动，以图文并茂的形式发到博客里，将班级的风采展示给大家，使同学之间相互激励、共同努力，大家都想通过网络把自己最优秀的一面展示出来。博客也为孩子们营造了一个积极向上的学习氛围，受到学校和家长的好评！通过这个平台孩子们走得更近了，这对于现在备感孤单的独生子女来说，无疑让他们有了更多兄弟姐妹时刻在身边的感觉！通过六年来的努力，东风一小六年七班博客 http：//blog. sina. com. cn/dfyx200907 的访问量达到了 30183，让更多的人了解了一小，了解了我的孩子们。

我比较重视每学期的家长会，对家长们说得最多的一句话就是“请信我言，请跟我来”。在家长会上，我对大家说：“我们每一位家长都要有‘人人为我，我为人人’的思想境界。如果我们每一个家长都能把七班的每个孩子当成是自己的孩子来看待，那么我们的孩子就会收获 54 份爱；如果我们每一位家长都把七班的事当做自己的家事来认真对待，那何愁班级这个大家庭不温暖、不和谐呢？”家长们在我的真情感召下，无论在班里还是在家长群里，只要是班里的事，大家都会出谋划策，出钱出力，将其当做义不容辞的事情。学校开展绿化校园美化班级的活动，家长们纷纷响应，从家里，从花店搬来一盆盆漂亮的花卉植物；冬天孩子们喝学生奶太冷，有家长会送来热饮机，大毛巾，电饭锅热奶；有同学因病缺课的，会有离他家很近的家长和孩子为他送去作业，补习功课；遇到好的文章和资料，有家长会打印好 54 份送到学校来；每年的迎新年亲子联欢会上，家长们都会自发地购买奖品和道具，帮着老师布置会场……在微信家长群里，大家也会互相分享育儿经验，推荐好书购买，彼此鼓励，传递正能量。

现在，我参加了“国培计划卓越班主任培训”，有了更多的学习机会，聆听导师们先进的班级管理理念和切实有效的管理案例，让我茅塞顿开。学习中，有熊华生、谭细龙这些专家大伽们的精神引领、理论解读，也有王怀玉、刘海敏这些一线教师的案例讲解、实践操作，使我原本沉睡的激情重新被点燃了。我相信，通过近三年的国培打造，我将会在卓越班主任的道路上，与我的伙伴们一起越走越轻松，越走越自信。

爱，也让我和孩子们相依相随……

特别的爱给特别的你

湖北省十堰市东风第一小学　顾　敏

我今年教三年级，当初一年级新接班不久，我发现班上有好几个特殊学生：小沣的右耳安装了人工耳蜗，因而不能碰，更不能挤压；可可出生时大脑缺氧并受到挤压，属轻度智障；飞羽行动欠灵活，大小便有点控制不住；若涵患有抽动症，会不自觉地眨眼睛，身体也会随之一动一动的。

说实在的，遇到这样的特殊孩子，看着他们无助的样子，我心里就难受，舍不得严格要求他们，但这样做，又担心孩子会因为过多的关爱不再努力。特殊孩子特别对待，问题的关键在于老师怎样去把握分寸。

比如飞羽，他总是拉裤子，在几次电话沟通后，飞羽妈妈才红着眼睛告诉我："飞羽两岁多时因车祸导致双下肢瘫痪，司法鉴定为二级伤残。经过几年的康复治疗，能走路了，但大小便控制能力较差。"我十分不解家长为何隐瞒真相，让孩子平白遭罪。飞羽妈妈支支吾吾地说："我怕说了，学校就不收他了！"

作为一个母亲，我理解了家长的担忧，于是轻声对飞羽妈妈说："飞羽的情况我知道了。我会允许他想去上厕所随时去，你每天上学前在他的书包里放一套干净的衣裤。"那段日子，我会提醒飞羽记住自己可能上厕所的时间，提前准备，也要求他做好自我管理，向其他孩子学习，不弄脏衣裤。当然，不可避免，我不止一次地给飞羽换掉弄脏的内裤，并给他擦洗干净。慢慢的，飞羽拉裤子的时候越来越少。

这个过程中，我发现飞羽似乎比别的孩子要更内向和敏感。飞羽爸爸忧心地对我说："自从事故发生后，孩子身心俱创，胆小又自卑。但对我们做父母的来说，孩子能恢复到现在这个样子已经很满意了，也没有过多要求。”我真诚地说：“由于身体缺陷，飞羽他是会有一定的自卑心理，这时候我们做父母的，一定要多多鼓励孩子，不要因为身体有缺陷就盲目地同情、可怜，对他没有过高要求。这种长期的心理暗示会造成孩子处于孤立，怯于和同学交流，缺乏自信。”飞羽爸爸连连点头，羞愧地说：“是呀，我们怎么没有想到这一点，也没有考虑到他的心理健康问题。我们保证，在学习上，会积极紧跟老师的脚步，虽做不到名列前茅，但绝不会拖后腿，恳请老师在学习和精神上给予照顾和支持。”

我开始平衡着对飞羽的爱，学习上我对他和其他同学一视同仁，给他相同的机会让他健康成长，努力告诉自己不要因为他身体的特殊而对他放松要求；在日常生活中，我会特别关照他做力所能及的事赢得同学的信任：体育课帮班里跑步的同学拿衣物和书包，做小裁判；担任班里的劳动委员，安排班级同学每天的清洁卫生工作。

日子一天天地过去，飞羽逐渐克服了自己的自卑心理，变得越来越阳光，我欣喜地看到了飞羽的变化，现在每次下课，他也会和其他同学一样跑到讲桌前围着我说这说那，看着他阳光开朗的样子，我也开心极了。

而其他几个特殊的孩子，我也采取不同的办法：对待戴耳蜗的小洋，我一边让班里同学不要与他发生碰撞，一边又要提醒调皮的小洋安静、平和地与小朋友玩耍。我也时刻注意反应慢、迟钝一点的可可，我总是另找时间帮可可做辅导，并叮嘱班里的同学，要学会关心可可。对于若涵，我专门交代其他科任老师，孩子眨眼睛和身体抽动是正常的，不要误以为她是故意捣乱，不必太在意她的举动。

一天一天，孩子们在变化，他们在歌唱，他们在舞蹈，他们在奔跑中欢笑。他们灿烂而阳光，他们健康而自信。原来，老师对学生的关注可以像春雨那样，是润物细无声的，无论什么样的孩子，他们身上都潜藏着独特的智慧和才能，每一个儿童都是天才。只不过，需要老师给予他们无私的爱，不偏不倚，刚刚好。

清风徐来，花自盛开

湖北省武汉市第三寄宿中学　韩玉荣

中考的第一天，闷热紧张的气息萦绕在每个考点。武汉第三寄宿中学的送考老师休息室里，老师们在静静地传递着一张字条："送考老师，你们好！您的学生在考场里，此时你一定很紧张吧？讲台的抽屉里为您准备了水、风油精、驱蚊液、纸巾还有三本小说，希望能让您的心情放松，相信您的学生一定会中考顺利，发挥超常！"这张字条让送考老师感动和震惊，感动的是这间休息室传递的温情，震惊的是学生的高素质。

这间教室就是我所带的七年级十九班，字条是几个孩子布置完教室后留下的。我在老师们口碑相传了一个月后才知道这件事，但我并不奇怪，因为这样的情景在我所带的学生中是一种常态。我的教育信条就是"眼里有美好，心中有他人"，我的言传身教对孩子们就是一种耳濡目染，因此，学生们都非常阳光活泼，积极上进，充满爱心。

自 1991 年大学毕业成为教师至今，我从教 26 年，担任班主任工作 20 年。现在是武汉市第三寄宿中学七年级十九班语文教师兼班主任。

我常对学生说一句话"所有的付出都将收到回报"！的确如此，每届中考，我班的成绩都位居榜首；从我的班级走出来的学生有创新意识、进取精神、精英气质。

从 1998 年以来，我所教班级的中考语文成绩一直位居武汉市前茅，其中 4 次夺得区中考冠军；2002 年、2003 年、2006 年、2009 年、2012 年连续五届中考，所带班级总成绩为全区第一，语文科成绩更是名列前茅。1998 年、2002 年、2003 年三届毕业生省级示范高中升学率高达80%；2006年、2009年所带的毕业班级省级示范高中升学率超过60%。2015年：61人中，囊括全区第一至第四名；1名同学跻身武汉市前十名；45人过武汉三中录取线，比例为74%，其中35人考进省市级实验班；省级示范高中上线率85.2%；市级示范高中上线率96.7%；普高上线率100%。2016年：全班50名学生全部考上武汉三中省级、校级实验班，占领全区前十名中的八席，其中一名同学是武汉市第六名。

数字只能客观表述结果，其实最让我欣慰的并不是所有孩子实现了中考愿望，而是他们以阳光心态带着母校和亲人的殷殷嘱托走向新的人生之旅。他们当中共有12名学生考上了清华、北大等名校。很多毕业生现在成了社会的精英，例如2002届毕业生罗希现在任职于美国联合储备系统、王文坦在哈佛深造等。

因为教育教学的一些成绩，我曾荣获以下荣誉：武汉“市百优班主任”、“市语文学科带头人”、“全国十二五课题组优秀组长”、“全国语感教学比赛一等奖”、“武汉市优秀青年教师”、“汉阳区第三届名师”、“汉阳区专业技术拔尖人才”、“汉阳区首届年度四有教师”、“汉阳区十佳班主任”、“汉阳区十佳青年教师”、“感动汉阳教育十大新闻人物”、“汉阳区模范教师”、“汉阳区优秀班主任”、“中考、高考感动汉阳教育先进人物”、“汉阳区中考贡献奖”、“汉阳区三八红旗手”、“汉阳区优秀女职工”等。我所带的六届班级曾有四届获得“市先进班集体”称号。

我曾多次接受电视台采访，当记者问我所带的班级为何中考取得如此优异的成绩，我的学生为何性格如此阳光时，我回答道：“因为所有的人都朝着一个共同的目标努力！”的确如此，把学生培养成具有“远大理想、精英气质、担当精神”的青年就是我的教育目标。

一、“知行合一”注重培养班级独特的气质

性格决定命运，良好的性格会让自己和周围的人更快乐。接手一个新班级，我在制定班级目标时总是明确两种目标，即性格发展

目标和学业发展目标。我把培养学生性格目标定位为：正直、善良、担当。班级体形成初期，我会通过文章分享、名人故事、主题班会、演讲、文化墙等各种形式让学生明白自己的身份和责任，通过各种班级文化文娱活动让学生在实践中体验性格对人的作用。在日常教育教学中，我会抓住每一个教育契机培养孩子的品格。三年来，我和学生在《班级成长日记》中记下每个人在这个集体里的生活、发现、感悟，记下成长过程中的喜怒哀乐和悲欢离合，在共同记录、共同分享的过程中，孩子们的性格在潜移默化中得到磨砺和改变。

学习品质决定能力，优秀的学习品质会让学生的学习效率更高。我把培养学生学习品质发展目标定位为：乐于学习、敢于质疑、勇于创新。“学而不思则罔，思而不学则殆”，在学习中思考，在思考中解疑、探索、发现新知，不盲从老师，不迷信书本和权威，这样的学生才是时代所需要的。走进我班，你总能发现学生学习热情高、思维活跃，他们绝不人云亦云，他们会常和老师辩论，会对书本和老师的传授提出独到见解。每一届的任课老师们都这样评价：“作为韩玉荣老师班级的任课老师，你会有一种身心愉悦的感觉，她的学生学习意识强、学习能力强，课堂思维活跃；你还会有一种接受挑战的感觉，她的学生善于思考、喜欢质疑。若干年后，这些学生会成为有理想、有担当的社会精英!”

“每个人都是独一无二的。”我在管理学生时实行“人尽其才”，90%以上的学生参加了班干部竞选，我是根据学生的优点和才能来确定班干部职务的。学生在老师发现和欣赏的眼光下尽情地展示和发挥着自己的兴趣与特长。这个班，实行的是“一人一岗责任制”，每个人都有事做，每个人都担负着集体的某种责任，每个人都会被需要，真正实现了“人人有事做，事事有人管，事后有评价”的管理模式，学生的担当意识强烈。

在教育教学中，德育是基础。我根据学生在三个年龄段的身心发展特点，深化养成教育，培养学生文明雅行的气质。在七年级时侧重对他们进行“一日常规的养成教育”，形成良好的学习品质和文明习惯；在八年级时侧重对他们进行“自主学习、自主管理”的养成教育，培养自觉自律意识；九年级时侧重“责任担当、意志品质”的教育，促进学生挑战自我，实现中考目标。

平等公正地对待每一个孩子和每一件事，在我的班级，学生不会因为成绩好受宠爱，也不会因为暂时落后遭冷眼。关心学霸、关注中等生、关爱后进生是我的策略。座位以小组为单位轮流换，即使是成绩最好的学生也没有特权。因为班级学生友爱团结，班级氛围好，所以后进生会得到老师更多的帮助，只要有就进步，就大张旗鼓地表扬，以帮助他们树立信心。有问题时，就事论事，谁的问题谁负责，优生不袒护，落后的不苛责。

二、“小手拉大手”形成教育合力

只有把学校教育和家庭教育结合起来，形成教育合力，才能真正促进孩子的成长。为此，我组织发起了“小手拉大手，我们共同成长”的活动，通过开展这个活动，让家长参与到班级管理中来，与孩子共同成长。

上学期“小手拉大手”活动每天邀请一位家长来班和孩子共进午餐并给全班同学做演讲。当我把这个想法告诉家长时，有的家长开始担心自己讲不好，怕在孩子面前丢脸，我鼓励他们：“成长是一辈子的事，在孩子面前努力展现自我本身就是最好的亲子教育，即使演讲失败了也不丢脸！”活动开展后，家长们的参与热情大大超过我的预期，他们提前一两个月就开始做演讲准备，跟孩子共同确立演讲主题、看书、查资料、做 PPT、写演讲稿、反复练习、让孩子当评委。韩若冰同学的父亲深情地向同学们描述了自己的故乡小兴安岭，讲到了那里的冰雪世界和森林；金岩希同学的父亲给大家讲了三种鱼的故事，还引发了一些人生的哲理；李彦霖同学的父亲是个军人，他给同学们介绍了一些军事知识，新中国的军事实力，让大家备感自豪；项梓轩的父亲慷慨激昂地跟大家介绍了毛泽东诗词……家长走进教室，了解了自己孩子的学习环境，活动丰富了孩子们的视野、融合了家庭关系、形成了家庭学习氛围。用家长的话说：“和孩子一起准备演讲的过程令人终生难忘，那是我的家庭最温暖和谐的记忆！”

下学期则交换角色，学生自己选题，和家长们一起准备，然后学生演讲，家长点评。这次的活动是需要孩子和家长在家合作完成的，孩子们准备得认真，家长们点评得中肯，配合得非常默契。每一学年，家长、学生的演讲有100多次，记录孩子成长过程的"家长手记"有100多篇。朱妍桐同学的家长在"手记"中写道："19班是一个和谐的大家庭，她不仅团结了老师和孩子们，也团结了58个家庭。"此外，我还利用家校联系本与学生、家长进行文字交流，我每天抽出两个多小时批阅家校本，三年来批阅的文字有三万多字。正因为三年如一日地坚持多种形式的交流与沟通，形成了有效的教育合力。我和很多孩子的父母成了知心的朋友，即使孩子毕业很多年后，我们也常联系。

三、"隐形的翅膀"点燃孩子的梦想

陶行知先生说："你的教鞭下有瓦特，你的冷眼里有牛顿，你的讥笑中有爱迪生。"每个孩子都是独一无二的杰作，只要用欣赏的眼光看待他们，就会发现他们身上的闪光点。在孩子成长过程中，班主任的影响是最大的。如果能抓住学生的闪光点，保护并激发它，那么它就会变成一种持久而强烈的学习动力。

我用智慧和爱激发孩子们的梦想，张腾龙、冷俊飞热爱数学，我就由衷地赞赏："数学题做得又快又准确，这是我读书时最嫉妒的天才的头脑！"两个少年憧憬着当数学家的梦想；张宇轩、杨子羿、邓茗芊酷爱做物理实验，我就激动地在全班点评："你们是为物理而生的，你们对物理的执着就是学好它的全部因素！"这样的评价让他们大受鼓舞，杨子羿甚至设计好了与霍金见面的种种情境；朱墨岩捧着英语辞典背单词、看英文原版小说，我就热捧他："学英语就需要你这样一种狂热，我不干预你用自己的方式学英语，哪怕是中考前痴迷于英文名著。"这个孩子坚定不移地说研究西方文化来促进中西文化的融合就是他未来的梦想……当然，我还让学生明白，没有行动，梦想就是空想；没有中考高考等一步步坚实的台阶，梦想就会变成雾里看花。因此，我们班学生不空谈理想，而是脚踏实地地用行动浇灌梦想之花。在这一年里，数学痴迷者张腾龙、冷俊飞刷了上千道数学难题；杨子羿、张宇轩抓紧课余时间狂读《相对论》《时间简史》；朱墨岩更是驰骋于英文版的《瓦尔登湖》《悲惨世界》等名著中。他们的行为又直接影响了周围的同学，这种奋进好学的风气渐渐形成班级的主流文化。我还在班上成立写作、音乐、演讲、棋类、绘画、书法、动漫、科学、球类、表演、手工制作等各种兴趣小组，鼓励孩子们无论学业多么繁重，升学压力多么大，都不要放弃自己的兴趣爱好。我还帮助学生抓住各种比赛的机会，让他们体验成功的乐趣。

学校领导说："从韩玉荣班里走出的学生具有一种独特的精英气质，她的学生脸上洋溢着自信的笑容！"

四、"润物细无声"守护孩子的内心世界

在我的班，学生是不会被分成三六九等的，每个人都知道他在这个班很重要。越是成绩落后的学生越是坐在最好的位置，得到老师和同伴更多的关注。即使不得不按成绩制定各类中考目标，学生的自尊心也会受到保护。

刘侯显，一个被家长宠坏了的男孩，家里常因他的学习问题战火纷飞，家庭气氛非常紧张。通过深入了解，我发现：他的父母因文化程度不高，对孩子的期望值就很高。父亲脾气暴躁，吹毛求疵，母亲无微不至，唠叨琐碎。但这孩子在我面前很乖巧，对成绩好的学生充满羡慕之情。我很理解一个成绩不好但又很想得到认可的男孩的心情，于是跟他们一家三口谈心，从心理学角度分析家庭矛盾的根源和解决途径，制定出"父亲管经济，多多鼓励，少指责；母亲管生活，静静陪伴，少唠叨；儿子完成当天的学习任务后，要写上一日之思并给妈妈签字；我来当监督和仲裁"的"君子协定"，我每天都会很认真地在家校本上与她妈妈交流。一段时间后，奇迹发生，他听讲变得专注了，作业变得认真了，还常请教同学和老师，成绩直线上升，中考由原来离普高线差 20 多分上升到超过 20 多分。

艾颀欣，这是一个特立独行的问题女孩，她敏感多疑、不爱学习、与人敌对，就像刺猬一样包裹自己、刺痛别人，她甚至把母亲逼得要离家出走，我一直在寻找教育她的契机。某个早晨，她又迟到了，就在见到我的那一刹那，她快速地逃进了洗手间。那一瞬间，我突然发现了师生之间关系的真谛："你要想改变一个孩子，就必须先走近他。"于是，我装作什么都没看见，等她溜进教室后，我拿上我的早点，走到她面前，轻轻地把早点放在她桌上，微笑着说："懒虫，肯定经常不吃早点吧？"然后若无其事地转身离开。我完全能想象她当时的心情，因为那一天，她没有像往常一样节节课趴着睡觉，她让每个上课的老师感到震惊："她咋不睡觉了？"从那以后，我每天早上都买好早点放在她桌上，无论她迟到与否，我整整这样做了两个月。渐渐地，她迟到现象越来越少，即使晚来一会，她也不再躲避我，而是很不好意思地冲我笑笑；她上课睡觉也越来越少，她开始做笔记，物理数学成绩突飞猛进。这个孩子中考考进了二十三中，中考成绩出来后，她妈妈来学校看我，流着眼泪说："韩老师，是你改变了艾颀欣。女儿说韩老师是最温柔、最宽容的老师，我不学好就对不起她。"

中考前一个月，为了强化中考目标意识，找准适合自己的复习方法，我们班将不同中考目标的学生名字写在黑板报上，并提供各类目标的学法指导，"衣带渐宽终不悔，为伊消得人憔悴"是指冲击武汉三中省级实验班、"欲穷千里目，更上一层楼"是指进军校级实验班，"长风破浪会有时，直挂云帆济沧海"指向三中临界生、"山重水复疑无路，柳暗花明又一村"是指要努力突破普高线。这样主题鲜明的黑板报既保护了学生的自尊心，又激发了他们的中考志。学生每一次走进教室，看见后面黑板报上醒目的标题和寄语，既感到温暖，又能油然而生一种使命感。

温情的教育必定是守护孩子内心的教育！

五、"最长情的告白"坚守自己的语文阵地

对于一个老师而言，只有学生热爱你的课堂，才会接受你的教

育；一个教师只有不断地学习、提升自我，才能在教学的领地游刃有余。所以为了不忘初心，坚守自己的语文阵地，我不断地通过学习来补充能量。除了参加各种培训机构的专业学习，我还多次自费观摩各种级别的教学比赛并多次参加国家级、省市级的教学比赛。备课时，我会查阅大量资料，搜集素材，精心设计教学环节，力求课堂愉悦、高效。我的语文课被武汉市语文教育专家称为“具有激情四射、思维活跃、生动风趣的教学风格”。

批改作业严谨认真。有一次，学生张宇轩看了我给他们几个人批改的作文后说：“韩老师批的字比我的作文字数还多，她基本上是帮我把作文重写了一遍。”正是因为这份认真，所以学生对待学习也不敢随意，我所任教的班级，语文成绩一向在市区名列前茅。2015、2016年，我连续获得“汉阳区中考贡献奖”。

辅导竞赛卓有成效。26年来，辅导学生竞赛成绩在汉阳区中青年教师中名列榜首，辅导学生参加市语文基础知识和阅读竞赛获奖人数累计近200人次，仅获得一等奖就达68人次，辅导学生“楚才杯”作文竞赛获奖近45人次，一等奖10人，仅2009年一个班就有12名同学获奖，其中5名同学获一等奖。

曾多次参加省市级、国家级优质课竞赛，并取得了优异的成绩：获中国教育学会中学语文教学专业委员会语文课比赛一等奖；《孙权劝学》《唐雎不辱使命》获中国教育学会中学语文教学专业委员会组织的全国语感教学大赛一等奖；语文课《跨越千年的美丽》获全国教师教育学会“中小学优秀课堂教学视频展评”二等奖并被制作成教学光盘在全国发行和推广；市级示范课《“诺曼底”号遇难记》在市教科院组织的语文课堂艺术展示中获专家高度评价；《故乡》被评为骨干教师培训班优秀示范课。

示范课展示课有引领作用。《我的叔叔于勒》《母亲架设的桥》《石壕吏》《心中的鹰》《“诺曼底”号遇难记》《民族魂》《唐雎不辱使命》《少年中国说》《作文指导》《孙权劝学》《我爱这土地》等公开课在市区展示，获得一致好评。

教育教学报告有影响。多次在汉阳区、教育对口地区崇阳县或他校作教育教学专题报告，《古诗文朗读的艺术》《九年级语文教材处理意见》《武汉市中考语文评价变革》《阅读教学》《诵读与语感培养研究与实验》《审题——中考作文决胜第一关》《课堂教学的机智》《班集体凝聚力的形成》《爱的艺术》等报告获如潮好评。

课题研究成果明显。负责承担中国教育学会“十一五”科研规划重点课题“语感教学研究与实验”，已成功结题并被评为优秀课题组组长和优秀研究员；参加了武汉市教育科学“十一五”规划重点课题《初中写作准备教学指导策略研究》，已成功结题并被评定为武汉市教育科学研究成果；教育科研项目《“以训练为主”的语文课堂教学模式的研究》为汉阳区“十五”教育科学研究成果。

年少不懂教育心，读懂已是不惑年。

记得2014年10月，一场突如其来的灾难袭击了我班，6个孩子在两天内被检查出脑膜炎而住进了医院，还有几个孩子也陆续出现类似症状，医生会诊后既无法给出病因，也不能保证治愈。如同发生一场地震，我们班不得不停课。孩子们不上课，我却不能不上班。我早晨六点五十就到了教室，教室里空荡荡的，消毒水的味道很浓，那群从来耐不住寂寞的孩子们不在，只剩下一个寂寞的我！我在教室里踱了一圈，把地扫了一遍，带上门，走了出去。

那时我才惊觉，没有孩子喧闹的早晨是如此寂寞和无聊！原来，孩子们年轻的吵闹已伴随我度过了这么多个日子！原来，我爱教书是因为我除了爱孩子，其他的我什么都不会！

不知不觉中已在三尺讲台上走过了26年。回望往事才明白，那一段又一段与孩子们共处的时光，就是一个班主任的成长历程，爱才是教育最清澈深刻的道理，“师者，仁心”。

现在，我所付出的一切努力都是为人生积攒幸福，清风徐来，花自盛开！

砥砺奋进这些年

湖北省黄石市第一中学　何仲才

第一阶段——青涩前行

做班主任几十年了，总忘不了初次带班时的青涩。那时刚从学校毕业，和大多数的新教师一样，我总是怀着梦幻般的设想看待学生，希望能和学生建立最融洽的感情和亦师亦友的师生关系。因为带的是高中，觉得很大程度上能够实现，所以这样的愿望就尤为迫切。但实际情况让我始料未及。

我所带的班学生大多成绩基础差，行为习惯较差，经常触犯班纪班规。不要说师生共同进步，当时，我连说句话都说不对地方。怎么办？一开始，我试图用迁就他们、单方面的付出和爱心来感化他们，结果无济于事。

有一次，在办黑板报时，我无意中为他们书写了标题，并细致地指导他们如何办黑板报。结果，这次的板报在学校评比中得了第一名。学生们高兴极了，我也趁机与他们拉近了距离。

但后来，我太过激进，把刚刚建立起的好关系葬送殆尽。我把当时跟我关系好的学生发展成为我了解班情的“情报人员”，以便我清楚地了解老师的问题、学生的矛盾等。

这个举动没有问题，问题出在我了解情况后的行动。有一次，我在并没有把情报彻底弄清的前提下，自以为带着好心与教师沟通，与学生谈心，结果弄得里外不是人。一时间，同事关系和师生关系都无比紧张。

在这个青涩时期，我一直在尝试着，也不同程度地失败着。但

收获，也是不言而喻的。因为长时间地关注学生，一直在师生沟通上下工夫，我练就了一双火眼金睛。班上的很多事情，学生的很多动作，只一眼，我就能看出一些猫腻。这让我拥有了超乎常人的直觉。

第二阶段——砥砺奋进

有了第一阶段的磕磕碰碰，加上自己的刻苦学习，这六年时间里，我砥砺奋进、磨炼自己。

记得 1998 届学生，在新生入学报到时，我就精心准备，希望能够给学生留下良好印象，获得学生的认同感，建立班主任初步的威信。在班级管理中，用“严师”要求自我，用“习惯”约束学生，逐渐打造了一个行为规范，学习有序的班级乐园。这一届学生带下来后，班级多次获得校优秀班级的称号，学生对老师非常敬畏，高考成绩也比较理想。但也并非没有遗憾，比如与学生之间情感互动不够，对学生的心理问题疏导不畅。这六年里，我的班主任工作有了一个质的改变，从最初的针对学生问题束手无策，到能针对学生问题结合前辈经验解决，我摒弃了以往一些不切实际的想法，开始进行有效管理。

第三阶段——特色前行

理论的学习、实践总结、问题的反思，是这个阶段班级管理工作的特色，同时也不断寻求自我突破。根据学生实际和教育的现状，我以实际行动探索出了一条“用智慧点亮学困生，用创新驱动中等生晋级，用真情温暖家庭教育缺失的学生”的班级管理模式。

2013届我担任文科普通班班主任，面对学困生居多的班情，我探索了一条学困生转化的四轮驱动“SUV模式”。像“三限生”的周玉婷，经过了励志教育、“成功教育”、心理干预、“精准帮扶”，高考以538分考入“211”高校合肥工业大学。跟周玉婷一样，我为每位学困生制订方案，用智慧点亮他们的心灯，用目标激发他们学习的内驱动力，用持之以恒的努力，把他们雕琢成“珍品”。高考以一本上线2人，本科上线率达72%，创一中文科普通班高考的奇迹。

2016届我担任文科实验班班主任，学困生减少，中等生普遍。要想大面积提高高考升学率，就必须想方设法让中等生晋级；要促进学生的发展，实现教育的公平、公正，就必须关注中等生。经过三年的努力，我摸索出了一些驱动中等生晋级的新方法。像石露，学习能力较强，智力也不错，上课我行我素，成绩中等偏上一点点。经家访，发现她从小学到初二，几乎年年是“三好学生”，唯独初三没有。在关键的节点，家庭教育缺失，孩子出现了叛逆。我定期家访，用教师的温暖和父母的呵护，溶解她的叛逆，解其“心困”；多管齐下，“矫其习惯”；为她量身打造个性化的“学习套餐”，导其学习，最终以552分的成绩考入西安外国语大学。

针对中等生普遍的现象，我既重视个体的转化，又注重整体的推进，建立了学生“三人互助小组”，探索出了“典型引路，梯度推进”驱动中等生晋级的新模式，还自创了作业“自助制”，放弃“霸王餐”的学习方法，把他们从浩瀚的题海中解放出来。

正是我不放弃中等生，包容中等生，耐心辅导中等生，坚守中等生可以成功晋级的理念，2016 届高考，在没有一人过省重点线的生源条件下，实现了一本上线 14 人，本科率达 100%，刷新了一中高考的历史！

除学困生、中等生外，来自于留守、单亲、隔代抚养等特殊家庭的学生，也是不可回避的一个群体。如来自单亲家庭的安琪，在我的帮助下以优异成绩考入湖北师范大学。隔代抚养的曾诚，我用真情温暖了他冷漠的心，用行动化解了他固化的疙瘩，不久后，他家庭和睦了，学习进步了，人也变得阳光开朗起来。

对于家庭教育缺失的学生，教师及时“到位”，父母及时“补位”，爷爷奶奶不要“越位”，家校联手，可共还学生一片成长的蓝天。

不放弃班级的任何一个学生，这就是我这些年班主任工作的重中之重，也是工作特色所在。

走好教育生涯那要紧的几步

湖北省宜城市南街小学　李彩云

著名作家柳青曾说过：“人生的道路是很漫长的，但要紧处常常只有几步。”的确，人生中最关键的只有几步，如果每一步都比别人强一点点，哪怕只有10%、20%，那么几步下来，你的综合能力将远优于别人，也将给你带来几十甚至上百倍的优于他人的回报。从1997年踏上工作岗位至今已经过去整整20年了，我也当了整整20年的“老班”。回顾走过之路，有欢笑，也有泪水。虽然脚印参差不齐，深浅不一，但每个脚印里都倾注了我满腔的爱心和辛勤的汗水。

热爱，自我成长的根基

在师范学院上学时，《教育学》教材中摘录了苏联伟大的教育家苏霍姆林斯基的很多名言。诸如“没有爱就没有教育。”“热爱孩子是教师生活中最主要的东西。”“教育技巧的全部奥秘也就在于如何爱护儿童。”那时的我只把这些文字过了下眼，觉得大师的语言朴实，很接地气，却并没有引起思想上的共鸣。直到我真正地成为了一名人民教师，真正地走进孩子的世界，才体味出其中的奥妙。

还记得那是1997年暑热还未褪尽的初秋，年仅17岁的我带着对未来满满的好奇、胆怯和茫然，被校长领进了一(2)班教室。当我鼓起勇气用怯生生的眼睛观察我的学生时，迎接我的却是一张张如花般灿烂的笑脸、一双双如水般清澈的眸子和一阵久久不息的掌声。

一边是初为人师的我，一边是才入校门的学生，也许是同样的

心境，也许是年龄相差得不远，我们没有任何距离，不受任何拘束，很快就融洽地相处在一起：在路上，他们老远见着我，会喜滋滋地跑过来，向我问声好，然后又笑眯眯地跑开了；下课后，他们会簇拥着我，告诉我许多他们认为只能讲给我听的秘密；放学时，他们变戏法般地掏出一颗糖果或是一小包饼干塞进我的手中，还一个劲地要我当场就尝尝……这一幕一幕如烙印刻在我的记忆里，使我终生难忘。

是孩子们，是这些可爱的小天使那纯洁无瑕的心灵、那天真无邪的笑容牵引着我，使我从一座校园自如地走进了另一座校园，并成功地完成了从一名学生到一位老师的角色转变。因为有了他们，红霞在我的脸上飞舞，笑声在我的唇间跳跃，我的心里溢满了幸福。

那时的我，整个世界里都装着这些可爱的孩子们。为了激励他们更积极地发言，我从微薄的工资里抽出一部分给他们买奖品；为了吸引他们更认真地听讲，我把课文编成一个个剧本，让他们体验故事中的角色；为了指导孩子们写好字，我找出上学时的毛笔，在白纸上一笔一画地示范着……由于投入了太多的情感，我不仅上班时和孩子们在一起，就连睡梦里也经常在给孩子们讲课，常常半夜里因为梦中一位孩子老是听不懂我的课而惊醒。

就这样，因为爱，我很快地进入了教师的角色，并且成了一名稚嫩的新手“班妈”。因为爱，还是个孩子的我却被孩子们像对待妈妈一样地依恋着，听我的话，想得到我的表扬。这就是带班初期的我，尽管很多做法是那么稚嫩，但是我知道我已经行走在成长的路上，并迈开了正确的第一步。

帮扶，自我成长的拐杖

人们常说：善有善报。也许是因为我对孩子的爱感动了上苍，在我成长的过程中，总会遇到一些经验丰富、待人真诚的同行们。他们在我迷茫的时候，总是热情地向我伸出援助之手。

记得在 2003 年，我上班已经六年了。一次组织学生劳动时，一位男生拿着拖把从水房出来，不巧与正准备进水房的一位女生相撞，拖把戳了一下那个女生的胸部，女生就晕过去了。我从没遇到这种事件，知道情况后，腿都吓软了，不知如何处理。这时候，同年级组经验丰富的刘老师主动安排一个学生叫来校医给晕倒的孩子检查，又安排另一个孩子向校长报告，同时通知了双方家长。家长到校后，情绪都很激动，校领导和刘老师又耐心地向家长做了解释。所幸，孩子并无大碍，只是受了点惊吓。

经过这件事后，我认识到自己在工作上的一些不足：在细节管理上比较疏忽，完全缺乏与家长打交道的经验。当时的我就像被霜打了的茄子一样，以前的热情荡然无存。领导和老师们看在眼里，主动来到我的身边，或指引，或建议，或示范，毫无保留地将自己的宝贵经验传授给了我。特别是我校的湖北省骨干教师徐金荣老师，她一针见血地指出我班级管理中存在的问题，并及时地对我进行了帮扶。她不仅热心地与我分享管理班级的策略，还主动邀请我到他们班上听班会课。就这样，我又拥有了前行的动力。

是的，一个人可能走得很快，可是一群人才能走得更远。正是在他们的影响与帮扶下，正是在一次次的剖析与点评中，我才真正地学会审视我的班级现状，反思学生中出现的问题并认识到管理工作中的不足与偏颇，找到了成长与提升的方向。感谢这些出色的同行们，在他们的身上，我不仅学到了班级管理的经验，先进的理念，更收获了真挚的友情。

挑战，自我成长的风帆

班主任的工作是琐碎而平淡的，每天学校、家庭，周而复始的工作、直线型的生活轨迹难免使人产生惰性。是选择浑浑噩噩如蜉蝣般活着，还是不懈努力，活出别样的精彩？我果断地选择了后者。

在多年的工作中，我时刻牢记着“只有更好，没有最好”的信念，为更好地适应工作，我订阅了大量的教育教学专业书籍、资料，并经常从网络上认真学习、吸纳优秀班主任的金点子，还积极参加市县的各种辅导培训活动。

工作中，我开拓进取，大刀阔斧地进行了一系列的班级管理改革。结合自己所教的语文学科，多年来，我一直开展着“写写我们的故事”活动，以发生在身边的故事为素材来教育学生。

2007年冬天，班上一位调皮的学生因玩电子游戏，晚上八九点钟了还没有回家。我与孩子的父母冒着寒风，走访多个学生家庭，找遍了大街小巷，才把他找回家。事情发生的当天晚上，我不仅没有批评孩子，还授意孩子的父母，只字不提这件事情。原本已做好准备接受狂风暴雨的孩子，见大家没有责怪他，反而忐忑不安地过了一晚上。

第二天上午，我们班正好有节作文课。我便把头天晚上发生的事(隐去当事人姓名)大概地讲了一下，然后要求同学们想象一下孩子没回家，爸爸妈妈的语言、动作、神态、心理活动，完成一个作文片断。任务一布置，教室里一片静寂。有的低头冥思苦想，有的抓耳挠腮，有的已拿起笔试着在本子上写起来……

15分钟后，学生们纷纷举手发言。有的说：“爸爸会急得在家里走来走去：‘我的孩子怎么到现在还没回家，会不会发生什么意外了？’”有的说：“妈妈在心里默默地祈祷：‘我的孩子会没事的，会没事的……’”有的则模仿《穷人》一文的写法：“妈妈坐在饭桌前，听着门外的动静，心里想：‘是孩子回来了？……哦，还没有……我的孩子会上哪儿去呢？……’”

最后，那个被找回家的调皮孩子站起来说：“爸爸睁大了眼睛在街道上张望着，生怕错过了我。妈妈和老师则忐忑不安地四处向同学打听我的下落。一桌的饭菜，谁也没有心思吃。可是，就在大人们为我这么操心的时候，我却还在开开心心地玩着游戏……”说着说着，他竟流下了眼泪。

看到这一幕，我知道这孩子真的认识到自己犯下的错了。这样的结果比我预期的还要顺利。我顺势抛出问题：“那你们从这件事中受到了什么启示或懂得了什么道理呢？”

话音刚落，同学们早已小手如林。“我懂得了爸爸妈妈是多么爱我呀，我们不能再让爸爸妈妈操心了。”“我们不能只想到自己贪玩而不顾及他人的感受。”“我们放学后要按时回家，不能到处乱跑。不然，爸爸妈妈多担心呀！”……听着这一句句朴实却发自肺腑的话，我知道我的教育目的已经达到了。

这么多年的管班经历中，我就在听故事、讲故事、写故事中教育了一班又一班的孩子。面对班级中这样一个个“与众不同”的特殊孩子，我花费了更多的时间去正确地认识他们，研究他们，将融融的师爱洒向他们，让这些迟开的“花朵”沐浴阳光雨露，健康成长。也正是老师对学生的这种理性的爱，能唤醒学生身上一切美好的东西，激发他们扬帆前进。

正因如此，在我所在的班级里，始终洋溢着一股暖流，似一团和风细雨，感染着整个班级，渗透到每个学生的心中，渗透到每个家庭之中。

融合，自我成长的翅膀

由于班级工作开展得有声有色，得到学生、家长和校领导的一致好评，我所带的班级年年被评为“先进班集体”，我个人也多次被市教育局评为“先进个人”、“宜城市优秀班主任”、“襄阳市优秀班主任”、“襄阳市学生最满意教师”。在这些成绩纷沓而来的时刻，在别人看来已经小有名气的我，却感觉到了更多的困惑与更大的压力。因为与我的偶像魏书生、陶行知、李镇西相比，我忽然觉得自己那些花拳绣腿真的不值一提。我只是比那些普通的老师更用心，更爱创新，接触的新理念更多一些罢了。

于是，教学之余，我逼着自己大量地阅读教育名著、教育杂志，并认认真真地做了一本又一本的笔记。在阅读中，我理解了杜威的“在做中学”理念，我领悟了陶行知的“知行合一”的思想，我懂得了“因材施教”的方法……我开始有意识地把这些理念和方法运用到我的班级管理实践中。

在班级管理中，工作责任心极强的我每天起早摸黑、事必躬亲、苦口婆心、终日琐事缠事、疲惫不堪。为此，我迷惘过，痛苦过，甚至还怀疑起自己的工作能力。静下心来，我通过阅读魏书生老师的《班主任工作漫谈》，顿时幡然醒悟，原来是我忽视了学生成长过程中的主体意识，把原本属于学生自己的事代劳了，剥夺了学生经历磨炼的机会。

为了摆脱这一局面，我及时地改变观念，淡化“管理者”意识，敢于让学生去摸索，让更多的学生在集体中承担责任。在学校里，不管是什么活动，我都鼓励学生积极参与，并为他们创造各种机会。班会活动学生自己提出问题，自己组织、自己主持，老师只是幕后导演，使每个学生都得到锻炼。我们班的墙报布置工作也完全由学生自己完成。学生们的兴致极高，每个同学纷纷为本组出谋献策。而且同学们分工合作，有的画，有的剪，有的写，有的贴。每个同学都参与到班级管理中来，成了真正的小主人。

教师大胆放手，为学生们提供大量独当一面、大显身手的机会。即使学生在工作中遇到挫折，这也是对他们必要的锻造。学生的个性与潜能一旦释放出来，其工作热情与创造精神往往会使教师惊叹。就这样，我融合了前辈们的先进经验，不仅让学生在“主动”中发展，在“合作”中成长，在“思索”中创新，而且也解放了自己，提高了自己的工作幸福感。

反思，自我成长的涅槃

记得有人说过，一个不读书的老师就像一个只顾埋头拉车却不会抬头看路的人，无法走得更远。同样，一个只知道教书，却不懂得时时反思的老师，也只能像井底之蛙，目光短浅。在班级管理工作中，我一直坚持着写“班级日记”的习惯。在日记中，我记录了与学生交往的精彩瞬间，记录了班级管理中的点点灵感，也记录了我处理不好的地方，记录了我的困惑之处。正是在一次次的总结与回顾，分析与审视中，我驾驭班级的能力、处理师生关系、生生关系的能力日臻成熟。

如今，经过20年教学一线的摸、爬、滚、打，通过阅读、网络、培训多种途径的学习，我接触了各种先进的教育理念，也开始在班级管理中有了新的视角，尝试新的方法。可是，面对班级中出现的问题，我为什么要这样处理呢？这样处理，对于学生的思想会有什么触动？我这样解决问题，顺应了学生的心理特点及成长规律吗……如今的我，不再停留在思考如何去做上，而是开始追问自己为什么要这样去教。在一次次的追问中，在一次次的自我反思当中，我总结出“收获”与“不足”，也总结了“成功”与“失败”。

《礼记・学记》曰：“独学而无友，则孤陋而寡闻。”思考如果仅仅局限于记录在备课本上，仅仅停留于个人执着的追问里，是远远不够的。在2016年，我有幸参加了“第五届卓越班主任培训班”。在这里，我认真阅读着熊华生教授为我们推荐的班级管理专著，并上交了读后感，聆听着经验丰富的名班主任们讲述自己的带班历程。在这个100人的大家庭里，我们畅所欲言，思想在这里碰撞，经验在这里交流，观点在这里讨论。

我在学习中不断地汲取营养，也不断地反思自我。我相信，在不久的将来，我一定也能形成自己的一套成熟的班级管理方案。

一张奖章收服孩子的心

湖北省宜城市南街小学　李彩云

今年从六年级一下子调到三年级，两个不同年龄阶段孩子迥然不同的表现让我一时之间无法适应——高年级略闷，低年级太闹。再加上新接手的班上男生竟占了全班人数的三分之二，这样男女比例严重失调的班级就更加闹腾了。八九岁的孩子正是精力旺盛的时候，屁股是捂不热板凳的。更要命的是，老师的“小嘴巴”命令一出，他们嘴上答着“不说话”。可是，嘴巴却自顾自地和旁边的同学嘀咕开了。教室里时常热闹得像集贸市场一样，让人头皮发麻。

六年级十一二岁的大哥哥、大姐姐都被我调教得服服帖帖，这么小的毛孩子，我还能没辙？于是，我广泛征集了各位老师的“先进经验”，开始了我的降伏计划：罚作业、罚站、打手心……我使出浑身解数，孩子们似乎有所收敛。只要我在教室，他们不再像以前一样我行我素地说话、做小动作了，可是学习劲头却没有以前足了。当我提出一个问题，举手发言的孩子寥寥无几。而我一离开教室，孩子们又像打了鸡血似的，叫着、嚷着，闹成一团。就这样，开学一个月，我天天跟这些孩子斗智斗勇，生怕这些熊孩子闹出点什么事来，整天在烦躁与焦虑中度过，苦不堪言。

这样下去可不是个办法。周五放学后，我一个人坐在书桌前，愁眉不展地想着对策。这时，婆婆接回了上幼儿园的小外甥女。小姑娘一进门，就两眼放光地对我说：“舅妈，你看我得的大红花。老师夸我今天画画得好，专门奖给我两朵大红花。”我看着兴奋的外甥女，突然脑海中灵光一闪：“教育不就是一棵树摇动一棵树，一朵云推动一朵云，一个灵魂唤醒另一个灵魂吗？大禹用疏导的方法治理了大水，我何不用奖励的方式来引导孩子们改正缺点呢？”

想到这里，我马上上街刻了一个奖章，买来印泥，并裁好纸片，制作了一大沓“奖章”。

第二天上课时，当我拿出“奖章”奖给发言最积极的小坤时，原本闹哄哄的教室一下子安静了下来。同学们都把羡慕的目光投向小坤。小坤也如获至宝，把“奖章”小心翼翼地放在学具盒里。在“奖章”的刺激下，这节课孩子们的表现出奇地好：大家都争先恐后地举手发言，没有一个孩子在下面做小动作，没有一个孩子说小话，也没有一个孩子走神的。首战告捷，有了“奖章”的刺激，课堂就像磁石一样牢牢地吸引着孩子们的心，教师讲得投入，学生学得用心。这不就是我一直渴求的和美课堂吗？就这样，小小的奖章使我初次尝到了甜头。

既然奖章促使孩子们改掉了不认真听讲的坏习惯，那在其他方面也应该是同样奏效的。于是，我对奖章进行了进一步的细化：写字奖章、读书奖章、发言奖章、劳动奖章……这一枚枚奖章的发放，使我们班的班级面貌迅速发生了天翻地覆的变化。早晨，先到学校的同学已经自觉地打扫卫生了；上课时，一个个腰板挺得直直的，小手像小树林一样高高地举起；下课了，大家有序地做着游戏，还有几个在主动帮助没听懂的同学讲解题目呢！放学时，大家排着整整齐齐的队伍，唱着嘹亮的歌，精神抖擞地走着……孩子们仿佛一夜之间就长大了似的，那么懂事，那么听话，让我一时之间竟不敢相信自己的眼睛。在我的教师生涯中，我从来没有感受过像现在这样如此地幸福，如此地轻松！

正如英国伟大的教育家斯宾塞所说：“野蛮产生野蛮，仁爱产生仁爱。”没想到，一张张小小的奖章却富有不可估量的感召力。它就像童话故事里的魔法仙棒，让我的孩子们从头到脚都焕然一新，也让我享受着教育带来的快乐！

追寻教育的真谛

湖北省枝江市实验小学　李翠平

人生如白驹过隙，仿佛还是在昨天，刚迈出师范校门的我带着对理想的追求和教育的热爱，初次踏上三尺讲台，那样青涩。而今，我已在教育园地辛勤耕耘 20 载，担任班主任 15 年，白发丛生。回首这 15 年担任班主任的历程，有泪水，有欢笑，有感动，有后悔，有担忧，有欣慰……恰如一朵朵浪花，让我的教学生涯变得波澜壮阔，又如五颜六色的调色板，让我的生命变得多姿多彩。

第一阶段：接受挑战，痛并快乐（2000—2005 年）

2000 年 9 月 25 日，我带着一颗忐忑不安的心来到乡中心小学报到，将要执教一(2)班的语文并带班主任，先前任教这个班的老师被调到中学去了。之前我在村小工作了 3 年，从没当过班主任，好不容易把少先队的一摊子事弄清楚了，来到这里，意味着一切要从头开始学习，而且中心小学不比村小，对老师的要求更加严格，青年教师多，竞争也更加激烈。我决定接受挑战，我不能在年轻的时候就享受安逸的生活，我需要在竞争中磨炼自己。

班上的学生不多，只有 32 个，但是个个活泼好动，进入一年级才一个月，各方面良好的习惯尚未养成。上课只能坚持 20 分钟，然后教室里乱成一锅粥，讲话、下位、吃东西，任凭我把嗓子喊哑，他们依然我行我素。

我向(1)班的刘老师请教经验，她告诉我要赏罚并重，及时表扬做得好的学生，对于特别调皮的，要采取一定的惩罚措施，光批

评没有效果，比如让他站着听讲，下课了抄写生字。

我试着按她说的去做，有了一定的效果。但和(1)班相比，还是相形见绌。课间活动时，孩子们如同出了笼子的鸟，疯赶打闹，屡禁不止，为了防止出现安全事故，我只能待在教室里寸步不离，但是(1)班的孩子们就非常听话，即使刘老师不在教室，孩子们也一个个都在教室里看书写作业，讲台上，几个调皮的孩子在蹲马步，原来严厉的惩罚让孩子们都变得非常听话。

我想效仿，但我又想到教育家夏丏尊的一句话："教育之没有情感，没有爱，犹如池塘里没有水。"那时的我曲解了这段话，天真地以为充满了爱的教育就是学生犯了错，不能惩罚，一定要跟他们讲道理，最终我选择了放弃惩罚，依然守在教室里，有时和孩子们聊天，有时跟他们讲故事。

不知不觉中，我加深了对孩子的了解，每个孩子的性格特点、爱好、家庭状况我都了如指掌，孩子们也慢慢地喜欢上我，今天这个给我送玉米，明天那个送花生、送桃子，印象最深的是一个叫李春蔚的小男孩，他提了一篮子的猕猴桃送给我，我不要，他就大哭不止，我只好收下了分给同事吃。亲其师信其道，班级工作逐渐步入正轨。

正当我松了一口气时，刘老师要参加民师转正考试，她请假一个月在家复习备考。于是，学校领导想把一年级两个班合并成一个班，由我管理。

起初，我非常想拒绝，但是想到自己刚来这所学校不久，根基不稳就不配合支持学校工作，影响不好。再加上自己多少有点初生牛犊不怕虎的闯劲，半推半就之下，我答应了。后来发生的一切，让我知道这个决定是多么错误！

两个班的70个学生挤满了教室，第一排紧挨着讲台，最后一排贴着墙壁。人多，垃圾也多，打扫卫生十分不便。还有，因为人多，上课时，教室里就没有安静过，不是这里嗡嗡讲话，就是那里嘻嘻笑。

两个班的孩子阵营分明，经常出现矛盾，大打出手。还经常有学生丢失文具零花钱的，查了几次没有结果。

我能做的就是每天更早到班，每天送走最后一个孩子才下班，下课、午间休息时也守在教室里。事必躬亲，扫教室、摆桌椅，给孩子们打饭……后来值周领导说一年级的学生太多，晨跑纪律差，要我这个班主任天天跟班陪跑，我只好每天6点起床，7点到校陪跑，一天12小时跟班，让精力充沛的我真是累得够呛。

那时真是度日如年，每天都盼着刘老师快点来上班，好在坚持了一个月，除了班级量化考核名次列后，班级没有发生一起安全事故，总算是交了差。

2001年秋至2002年春，我任教五年级，任课多且杂，没有担任班主任，2002年秋，我任教六年级，担任六(1)班班主任，由于刚经过一年的磨砺，我显得很从容。

开学第一天学生报名后，六年级3个班都安排了劳动任务，我们班负责清除校门两边花坛及院墙边的杂草，烈日炎炎下，我们没有任何劳动工具，就仅靠一双手与没膝深的杂草作斗争，我身先士卒，钻进草丛拔起来，汗水湿透了衣裳，手掌磨破了皮也不休息，孩子们看在眼里，一个个干得非常起劲，没有一个人叫苦叫累，没有一个偷懒，很快完成了任务，得到了校领导的表扬。

有了良好的第一印象做铺垫，随后班级工作就好开展了：选拔班干部组建班委会、制定班级公约、按照学校的要求开展班级活动。大多数孩子非常懂事，什么事情只要安排下去，立马完成。

但在这期间，发生一件事，暴露了我管理班级的经验不足，差点酿成大祸。一天，是我的晚自习，学生反映自习前 L 和 M 打架，M 先动的手。我草草问了一下事情经过，断定是 M 不对，就严厉批评了 M 几句，然后继续上课。下自习后，我去寝室查寝，孩子们都睡了，我也回家了。

第二天一早，校长一脸严肃地找到我，告诉我昨晚我离开后发生的事：L 痛打 M，M 要跳楼自杀，幸亏生活老师及时赶到，没有酿成大祸。原来 L 经常欺负 M，M 一再忍让，昨天 L 故意把 M 的桌子推歪，M 忍无可忍才动手打了 L。身为班主任的我在调查了解情况时，M 迫于 L 的淫威，不敢说实话，就是这样，还是遭到了 L 的事后报复。

老校长语重心长地说："当班主任，只有责任心是不够的，还得多了解学生，还要有智慧啊！"这句话，我牢牢地记在心上。之后，在处理学生问题时，我总是非常慎重，多方调查，了解事情真相，再做决断。

曾有一个学生偷拿 48 斤饭票，尽管有学生指证，我怕冤枉她，下自习后走了几里的夜路去她家家访，终于感动她，使她主动承认错误；曾为了化解家长的一个误会，我主动登门道歉，与家长冰释前嫌；也曾为了一个贫困失学的孩子，跋涉十几里的山路去家访，做家长的工作，为他垫付学费，只求孩子来上学……我的青春，我的满腔热血连同我的智慧，都无私地奉献给了这群孩子。

第二阶段：困难重重，且行且思（2008—2011 年）

2008 年暑假，伴随着北京奥运会的圆满落幕，我与爱人也结束了长达 6 年的两地分居生活，被调到枝江市实验小学工作，仍然执教一年级，担任班主任，一切似乎回到了 8 年前，但是此时的我没有了忐忑，内心踌躇满志。但是，新的学校，新的环境，各种压力纷至沓来。

首先是家长的不信任。当一些家长得知我来自农村小学，他们就不淡定了，特别是一些奶奶，自恃年长，与我唱反调。放学时，我还没把学生送到家长接送点，她们就把孩子拉出班级队伍，无论我怎么解释她们也不听，反而对我冷嘲热讽。后来放学时，我就邀请我班的辅导员潘老师和我一起送学生，潘老师快退休了，德高望重，她一劝说，那些奶奶就不敢不听了。

我没有被眼前的困难打倒，我想，如果要取得家长的信任，就得跟他们站在一条线上，让他们感受到我和他们一样爱着孩子。于是，我每天早早来到校门口，利用家长送孩子的机会和家长套近乎：小莉是个乖孩子，上课听讲可认真了；小明上课无精打采是不是晚上没睡好，要早点睡；小华一运动就流汗，您得给他备条毛巾，我给他擦擦汗……时间一长，几乎每个孩子的家长都和我聊过天，大家觉得我是一个认真负责的老师，终于信任我了，班级工作也就容易开展了。

其次是学生不好管。城里的孩子比农村的孩子见多识广，胆子也更大，真是为所欲为。

再次是课堂纪律更差。这些孩子从上课开始就没打算安静地听讲。上课铃响了，有的还跑去上厕所，有的不进教室。刚开始，我仍用赏罚并重，有点效果，时间一长，认真听讲的学生对小红花、贴画不感兴趣了，调皮捣蛋的孩子对罚写拼音、罚站也无所畏惧了，跟他们讲认真听讲的重要性他们也不懂。

怎么办？

恰好观摩了同年级宋老师执教的研究课，整节课学生似乎都在做游戏，老师把知识点融入各种游戏中，学生边玩边学，兴趣盎然，给了我极大的启发。

随后，我也像她那样，精心设计教学环节，把知识点以游戏的形式呈现，并按学习小组开展竞赛，牢牢地抓住了学生的心。

课间活动时，学生大喊大叫，疯赶打闹，我就把他们带到操场上，组织他们做游戏，教他们如何有秩序地玩耍，谁做不到就站在一边当观众，使学生明白遵守纪律的重要性。放学时，学生不会站路队，我就每天提前 3 分钟下课把孩子们带到操场去训练，不站好不离校，2 个星期后，每个学生都知道了自己的位置，知道要安安静静地离校。

最后是学校活动多。在农村小学只要抓好教学质量和学生安全两大块，其他无所谓。但在这里，学校非常重视校园文化建设，并通过开展各种活动对学生进行德育教育，每月学校举办一次大型活动，每周班级举办一次活动，让我疲于奔命。

后来，仅仅班级文化建设就让我忙了 2 个星期，后面的黑板要办黑板报，左右墙壁共 4 块要确定主题，装饰起来。可怜我本来就笨手笨脚缺乏艺术细胞，在这里被逼着硬是学会了画画、写美术字、用卡纸剪各种花草小动物等“十八般武艺”，但是质量肯定是赶不上别人班的。

我想，尺有所短，寸有所长，既然这些不是我的长处，我为何不发动学生的力量和家长的力量来完成？于是，我把班级学生中爱好绘画、剪纸的学生登记起来，把学生家长中懂得版面设计的人才登记起来，再搞班级文化建设时，我只负责提供材料和工具，其余的一概不用操心，学生家长齐上阵，一个星期就完工，质量更是无可挑剔，而我可以把更多的时间和精力放在教学和班级管理上。再比如庆六一文艺汇演，每个班级一个节目，我也不会，我就请音乐老师帮我从网上找一个舞蹈视频，我挑选文艺骨干照着视频练习居然获得了二等奖。

通过这段时间的摸索，我懂得了一个人的力量毕竟是有限的，教育需要整合资源，发动一切可以利用的力量，形成教育合力，就能达到事半功倍的效果。

第三阶段：加强学习，突破自我
（2013—2015 年）

2013 年秋是我来到实小任教的第 5 个年头，我又完成了一个小循环(一至三年级)的教学。长期与低年级的孩子打交道，使我积累了丰富的班级管理经验，连续三年班级考核位居全校第一，我所带的班级曾被枝江市共青团委授予“枝江市红旗中队”。恰在此时，学校推荐我参加枝江市首届班主任基本功大赛，大赛分为教育叙事、案例分析、无领导小组论坛、班会设计四大板块，时间紧任务重竞争激烈，没有一个老师愿意参加，因为我担任班主任时间长，经验相对丰富一些，我只好答应了。

于是，我一头扎进书的海洋，恶补教育理论，走马观花地看完了苏霍姆林斯基的《给教师的建议》，他的观点对我的启发很大，他的一些观点我非常赞同，我还特地一一摘抄下来。

其次是上网收集整理各种教育案例和班会会案，打印成了厚厚的一本资料，每天看，边看边思考：这件事这么处理好在哪？还有没有更好的处理办法？这个班会设计有哪些可取之处？怎么改进更好？想好之后，我就在空白处圈点批注。

经过 2 个月废寝忘食的学习，我的教育理论水平和实践能力有了飞速的提升，在比赛中我冷静沉着，凭着出色的发挥和精彩的故事演讲，一举夺得小学组冠军。

通过参加这次比赛，我的班级管理水平进一步提高了。在班级管理中遇到问题，我总是能了解学生的想法，找到最好的解决方法，做到以理服人，以情动人。在这段时间，我发现孩子们有点滑头了，在学习卫生等各方面对自己放松了要求，我把培养好习惯作为重点，每周一次的班会课时，我围绕一个习惯设计一些新颖有趣的活动，增强学生的体验，使学生受到教育，心灵受到震撼，尽量杜绝枯燥乏味的说教，当班会即将结束时，我会把对学生的要求编成儿歌，指导学生背诵，然后让他们按要求去做，效果立竿见影。

在这期间，我在网上聆听了魏书生的报告，他的班级管理承包责任制给了我一些启发，我也试着像他那样，将班级事务设置成十几个岗位，让学生自由应聘，自主管理。

刚开始，因为孩子年龄小，记性差，总有人忘了自己的职责，不是牛奶没有人发放，就是地没有扫，放学时不是忘了关灯就是忘了锁门，班级几乎乱了套，我就天天早到班，看谁忘了做事就提醒一下，一个月后，孩子们都记住了自己的职责，我也轻松多了。

这一阶段，是教育理论与实践完美结合的阶段，班级管理步入快车道，各项工作开展得得心应手，我不再被班级杂事牵着走，而是事事有安排，人人有事干。

第四阶段：厚积薄发，享受教育（2016年至现在）

2016年10月，我有幸入选卓五班，在这里，聆听了许多著名专家和优秀班主任的讲座报告，使我受益匪浅。在这2年中，我阅读了9本教育学专著和12本教育杂志，学习到了更多更好的班级管理办法，左军娥老师教我用智慧和爱转化特殊学生；王晓琳老师告诉我要创设自己的班级课程；秦望老师教我如何打造迷人微班会；王怀玉老师教我如何设计班级活动。每一个报告都非常接地气，既有理论根基又有具体做法，可以现学现用，让我经历了一次头脑风暴。

心动不如行动。回校后，我不再只局限于完成学校布置的任务，而是经常思考：我的孩子们需要什么？他们有什么不足？怎么弥补？在广泛征求学生意见的基础上，我开设了富有班级特设的竹文化课程，学生画竹、写竹、咏竹；每周一次的读书交流会是学生的节日，每天的课前故事学生最期待。

随着季节不同，我们会增加一些时令课程：春天教学生自制风筝，了解风筝的历史，课后放风筝；郊游时挖野菜，举办野菜交流会；端午节举行包粽子比赛，了解端午节的来历，背诵屈原的《离骚》。夏天赏荷花，举行绘画或征文比赛；重阳节开展敬老活动，去福利院打扫卫生，为老人表演节目，去公园赏菊花了解菊花的种类，背诵关于菊花的诗歌；冬天踏雪寻梅，举办堆雪人比赛、打雪仗比赛。让学生的视野不再只局限于书本和学校，而是社会和大自然，对学生的要求也不只是做一个好学生，而是一个好公民。

爱因斯坦说：“当在学校所学的一切全都忘记之后，还剩下来的才是教育。”这种教育也许是某种好习惯，某种思维方法，某种做人的道理，但不仅仅是知识，我愿意做这样的班主任，带领孩子们奔向这样的教育。

珍惜遇见

湖北省宜昌市第一中学　潘　琴

工作24年，其中担任班主任10年，44岁的我，在学校的班主任队伍中来说，已经是“老人”了，尤其是作为女班主任，更是屈指可数。也许是走进春天了，不禁有一种感叹：自己还能继续留在班主任岗位上的时日已经不多了，但就是现在，却真正体会到了班主任的乐趣。第一次有一种不甘心：恨时光溜得太快，不是叹年华老去，而是能作为班主任和孩子待在一起的机会不多了。

回想自己初上讲台的青涩，到现在的淡定沉着，一路走来，有艰辛有幸福。回想，也是一种反思，一种学习，一种成长。

路程一：忍辱负重，潘老虎横空出世（2007—2010年）

第一次当班主任是2007年，这是令人难忘的一年。

2006年，我终于如愿以偿调入人人挤破脑袋想进入的省级示范高中。一来，我就承担高二年级两个班的教学，教学质量很不错。一直以为会直接带到高三，没想到宣布高三教师名单时，年级主任的一句话将我打入人生的谷底：“问题不大的老师进入高三，没有跟着上高三的老师是问题很大的，这些老师我们会逐一谈话，重新安排工作。”

我，就是那个被谈话的对象之一。一向骄傲的我，从来没有过这样的遭遇。那天下午，从年级主任办公室出来，我突然想起以前的校长在我临走时说的一句话：“不要以为去了省重点就一定是好事，会有艰难的时候，也会有哭鼻子的一天！”

这一次，就是当时校长说的很艰难的时候吧。我知道，这不是哭鼻子的时候。虽然觉得屈辱，但我没有哭，我下定决心：一定要证明自己。

于是，2007年，成为我初次担任班主任的第一年。第一次进班前，我凌晨2点起床，既紧张又期盼，写了很长一篇日记，有希冀有困惑。

接下来的那三年，对我来说，是地狱般的三年。那时候的我，特别注重“人格魅力，身正为范”。要求学生做到的，我自己首先做到。军训时，我坚持每天和孩子们一起站军姿。学生们站着时，我绝不坐着；学生们在太阳下训练，我绝不躲在阴凉处。每天午休，我都在教室里和学生在一起，他们趴在桌上睡，我在讲台上工作。每天晚上，我坚持坐在教室里陪着学生上第三节晚自习(当时晚自习第三节9:00—10:10是学生自己做作业的时间)。女生不能披长发，我自己每天也扎着马尾巴。学生不能戴首饰，我把自己心爱的首饰都收了起来。

现在想想，那时真的很拼命。有一次由于太累，居然在教室里呕吐了，吐完接着坐在教室里工作。

那时拼命的我，一直以“严厉”著称，做事风风火火，雷厉风行。学生一旦犯了错误，我就会严厉批评，做出相应的惩罚。那三年，因为违纪被开除的学生就有 2 个。学生背地里叫我“潘老虎”或“灭绝师太”。

现在静下心来细想，那三年，对我来说，是地狱般的三年，对学生来说，也是地狱般的三年。很感激当时的学生，在我任性时能容忍我的脾气。他们说：“潘老师虽然表面看起来很凶，但心肠很好，是刀子嘴豆腐心。”

三年的辛苦，使我的工作得到了认可，在新学校站稳了脚跟。所带班级一直是班风典范，学习成绩也是遥遥领先。连续三年被评为“十佳班主任”。当然，也许最让我扬眉吐气的是：当年不让我带高三班主任的年级主任亲自打电话邀请我连任。

路程二：趁热打铁，潘美眉再铸实力（2011—2012 年）

由于严厉的威名在外，2011 年，我连任高三班主任，接手的是一个乱班——这个班以前的班主任被学生和家长联名换掉了。

说实话，我从不害怕接乱班。我以前来自一个普通高中，调皮的学生见的多了，对待问题学生也积累了一些经验。从内心里讲，我喜欢接这样的班，因为大家都不看好的班级，一旦上手，见效会很快。

果然不出所料，那一年，是我幸运的一年，我的班主任工作上了一个全新的台阶。慑于我的威严，以前闹事的家长和学生在高三的关键期也很配合工作。最重要的是班上有 10 多名学生学习习惯非常好，我利用这种契机，让他们成为班级学习的典范和领头羊，掀起了班级的学习热潮，一年后的高考成绩，上一本的人数是其他班的总和。

这一年同样辛苦，但却是我班主任生涯的最大契机。一个全校闻名的乱班成为高考成绩最优的班级，我获得了“市明星班主任”的称号，同时也被评为“省优秀教师”，还接受了几次电视采访。于是，2012 年，我再次被邀请连任高三班主任，续写了 2011 年的辉煌。有句话真的说得很好：危机，其实也是转机。

路程三：稳扎稳打，潘美眉静心潜思（2012—2013年）

6年的班主任生涯，在同事眼中，我是“铁人”是“御姐”，最擅长于管理差班，再难管的学生或班级，只要交到我手中，马上就顺了。于是，我几乎每年都是担任平行班的班主任。

2012年这一年，我终于成功转型：不用带别人眼中的差班了，而是带了一个重点实验班。不过原因还是同样一个：以前的班主任和学生已经成了对立关系。

和以往不同的是，这次最大的挑战是原班主任直接辞职，这使得我无法掌握任何学生的信息。不过反过来一想，现在的学生，在我眼中就是一张白纸，我可以尽情发挥，画出优异的画卷。

时代在不断地进步，学生的思维也在不断地发展。学生很多问题也从违纪方面转入性格发展方面，对班主任而言，更大的挑战是来自学生心态方面的。有由于奥赛压力而抑郁的，有陷于青春期早恋无法自拔的，有由于家庭债务牵连而被威胁逼债的，还有自恃清高认为学校教育限制自己发展的……总之，刚接班的感觉是压力无处不在，挑战仍在继续。

这一年对我而言，是最大的专业知识能力的挑战，也是一种质的飞跃。作为班主任，仅仅严格管理是不够的，和学生之间更重要的是心灵的沟通。这一年，我学会了倾听、理解、包容和接纳。

路程四：刚柔并济，潘女神飞升上仙（2013—2016年）

2013年，迎来了新的挑战。我从高一开始，担任主管教学的年级副主任，同时担任阳光班班主任和两个班的英语教学，还兼任“珍珠班”班主任。这种工作量，在全校都找不出第二人。

这三年的我，已经把班主任工作作为自己必不可少的一部分，始终坚持把学生的德育工作放在第一位，打心底里认为“教育是最伟大的慈善事业”，把“培养对社会有影响力的人”作为我的治班目标。我真心希望：从我的教室里走出去的人，都可以成为对社会有影响力的人，用自己的力量，对周围人产生影响，让世界充满正能量！

其实，在班主任生涯中，我觉得受益最大的不是学生，而是我！正是因为一直担任班主任工作，我才能始终和社会的新鲜力量在一起，才能与时俱进，让自己不断成长！

也就是这几天，学生和家长都称我为“潘女神”。

路程五：洪荒之力，潘女神一路前行（2016 年至今）

现在的我，真正体会到了班主任工作给我带来的快乐。我喜欢和孩子们在一起，体会他们的朝气，感受他们的书卷气，也会接纳他们偶尔的小脾气。高中阶段正是他们成长的黄金时期。很高兴，在孩子们的黄金期，有我的陪伴。也很感激，在我的班主任生涯中，有他们的陪伴。每每想到学生，我心里都会有一种深深的触动甚至是心动，我想：这，就是我对孩子们的依恋之情。

《朗读者》中董卿说过这样的一句话：珍惜每一次遇见。每个人的一生都会遇见一些人、一些事，而这些人、这些事让每个人的人生发生改变，迸发火花。我希望，当我的孩子离开学校，步入社会，经历人生的各种阶段时，我会是他们能想到的人，哪怕只是一瞬间，那也足够了。

生命有限，我愿意倾尽全力，把班主任工作进行到底！

学生帮我严守小秘密

湖北省宜昌市第一中学　潘　琴

大家都说我是一个强势的班主任。但就是这样一个强势的女人，居然在一个学生面前哭了一场，还需要学生为我严守这个小秘密。

那是一次文理分科后。由于响应政策，我原来所带重点班的一批学生跟着我，和来自平行班的同学一起组建了一个新的班集体。

开学的第一个星期，班上严格分成了两派，一派是我带过来的重点班的学生。他们是学生眼中的学霸，也是学习压力的来源。另一派是来自平行班的学生，他们有些自卑，心里只有羡慕学霸的份儿，同时也备感压力。学霸们中午不午休，抓紧时间学习也让他们不敢休息。

我想，这种氛围如果好好加以利用，一定会有意想不到的效果。我决定从编座位开始。

事情就发生在第一次编座位后。我在蛇形排序的基础上，按照AABBCC的方式，即两个优秀生、两个中等生、两个学困生组成一个学习小组，并且兼顾到男女性别、重点班和平行班学生融合等因素，反复斟酌多遍，利用周六下午放学的机会，开始调换座位。

放学时，男生小A一脸敌意地走到我跟前，要求和后面的学生互换座位。问其原因，他只说“没有原因，就是不想坐在这里”。

我一看座位表，顿时就明白了。安排坐在他旁边的是一名残疾女生，她由于先天性胸腔和脊椎的问题，身高只有1米35。要知道，1米35的个子，鸡胸驼背，再配上一张16岁的脸，颜值恐怕是不会让小A满意的。

我心里很不是滋味，但碍于那位女生也在教室，周围也有其他同学，当时没有点破小 A，只说了一句："我考虑一下。"

周六晚上，我越想越难受。说实话，对于这个女生，我一直是非常喜欢的。她是一名阳光生(成绩优秀但家庭贫困的学生)，分班的时候领导专门点名让她还是跟着我，因为一进高中，她便在我班上，彼此已有感情，我对她也很了解，可以给她更多的关爱。

瘦小而畸形的身材，已经让她感受到了同学们异样的眼光。她外表看似坚强，其实内心特别自卑和脆弱，任何打击都会让她流泪哭泣。一方面，她很要强，由于脊椎原因，她需要躺在床上午休，但是她不希望自己和别人有任何不同，更不希望有特殊待遇，每天还是坚持在教室趴着睡。但另一方面，她又很脆弱，比如参加全国作文竞赛没有获得奖项，她就会号啕大哭。面对这样的一个孩子，我真是既心疼又喜欢，同时心里也对小 A 开始不满。

"这件事情必须马上处理!"我心里想。晚上 9 点钟，我给小 A 的母亲打电话，得知她在成都旅游，孩子是单亲，一个人住在家里。我的心里咯噔一下，这样一个缺乏完整父爱母爱的家庭成长起来的孩子，或多或少会有一些问题，现在想想他脸上总是一副拒人于千里之外的表情，也能够明白其中的原因了。不是小 A 自己想这样，而是从来没有人教他该怎么做。

我联系上小 A，希望他第二天早上到校和我当面交流一下。他拒绝了，说电话沟通就行了。他说："老师，我从小就不善于和人沟通，还是在电话里讲吧!"

电话里，我把自己所想的一股脑跟他说了，说出了小女生的优秀和脆弱，说出了他这么做会给小女生带来的伤害，也说出了我希望他能从小女生身上学到的优秀品质。说着说着，激动中，声音竟然哽咽了，原来我竟然哭了。以前虽然在学生面前流过泪，但都是出于感动。可这一次，是激动，是控制不住的落泪，在一名刚接班的、完全不熟悉的男生面前。

也许是因为我的言语，也许是因为我的眼泪，小 A 最后答应不换座位。挂断电话前，我特意叮嘱小 A，希望他把我们之间的通话当成一个秘密，不要把我哭出来的事情告诉别人。

挂断电话后，我一直在担心在纠结。从那天起，我一直不敢看小 A 的眼睛，生怕他会嘲笑我。即使看，也是偷偷观察。他有时候犯了小错误，去提醒他时我心里也在犯嘀咕。

事实证明我的担心是多余的，事情在向好的方向发展，小 A 看我的眼神没有敌意了，他平时犯的一些小错误，只要我一点出来，他马上就改正了。有时候两人对视，我甚至觉得我们之间有了一个默契，有了一个需要共同守护的小秘密。

现在想想，在学生面前呈现自己真实的一面，没什么好丢人的，也许学生会觉得我更真实，更接地气，更愿意和我交流，而不是把我当做高高在上的管理他们的班主任。

经常有人说“班主任要学会在学生面前示弱”，如打球时输给学生，解题时让学生发现自己有比老师更好的方法等等。但我觉得“示弱”和“真情流露”之间并不能画上等号。示弱是一种教育智慧，教师示弱，不是教师真的弱，是为了让学生“变强”。真情流露不属于教育智慧，而是一种内心情感的自然流露。俗话说“情到深处泪自流”。

作为班主任，我相信教育智慧的力量，更崇尚真情流露的瞬间！

我的彩色带班史

湖北省赤壁市实验中学　任　丹

色彩识人，一个有趣的话题，读书识人，色彩辨人，回顾自己带班的教育教学历程，感觉色彩随心境和阅历的变化而变化，渐渐回归本色。

红色的初心

怀揣着热情和憧憬离别师范校园走上讲台，那时正青春，爱心“泛滥”，童心未泯，事事爱亲力亲为，自我感觉良好，凭着这份红色初心真正想将自己心中的美好教师形象在校园里完美诠释。

还记得那年，满腔热情双休带学生三四十人春游爬山，胆子大，准备无，徒有热情。

上山很顺利，直接沿着山间的路爬上去，上到山上，带着学生们围坐在地上聊天，突然一个孩子喊道：老师，下雨了。

我望望天空，伸出手去接，果然飘了几点小雨，暗想不妙，急忙对学生说下山，却找不到来时的小路。于是，我和孩子们一起沿着大道走去，路途中雨越下越大了，我和孩子们快速地奔跑着，不知走了多久，也不知走了多远，匆匆回望，惊讶地发现我们已经翻过了几座大山。

最后，我们麻木地向山下快走，终于到了大道上，“落汤鸡”们三三五五地回家了。幸运的是同学们都安全到家了，而且第二天都按时上学了。

那一次爬山给学生们留下了深刻的印象，后来的三年常常是他们写作的良好素材。现在想来那时做事毫无组织毫无安全意识，红

色的我简直幸运至极啊！

黄色的倔强

初任班主任，接的是八年级的一个班，当时带班难度最大的不是教学，而是勤工俭学，采茶任务重，我们一到清明，就开始了每一年的采茶之旅，每一个学生都有采茶任务，每天平行班都会排名作比较，对于我，一个新手，一个个子娇小的女班主任，平时还没干过活，采茶这个活儿真的难于上青天。

虽然不知从何下手，可我就是不想落后。还记得班上两个高高的男生，早上甩着袋子晃晃悠悠上山，一天下来袋子还是空空的，寥寥几把茶叶来称秤，当时我很生气。

第二天早上劳动总结，我把他们两个叫到讲台边站到我面前，狠狠地批评了他们。这俩孩子也不犟，当天采茶就飞跑在前，满载而归，从此以后每天都出色完成任务，成了大家学习的榜样。那一年带完，我就离开了镇中，调到了我市的实验寄宿中学。到了寄宿中学，继续担任班主任，还是八年级，可这里的孩子就复杂了许多，很多是在其他学校待不下去的学生，还有部分学生和社会上一些人也有许多牵扯不清的关系。科任老师头疼，课堂纪律难以维护，学习要求较低。

我这人有点不管不顾，只认死理，非逼着他们好好学习，每天下晚自习都多留 20 分钟，若不能做到我的要求，就会不厌其烦地说教，直到他“心服口服”为止。

有一天晚上查寝，和一男生谈心，那男生无奈地对我说：“老师，你太单纯了，说了你也不懂。”

但我还是这样故我的单纯，在我的世界里倔强地前行，依着我心中的轨迹向前，一切的复杂在我这里都被简单化，你只能学习，只能做一个善良而努力的人。

坚持了四年，他们渐渐融入了我的单纯，服了我的“口才”，阳光的班长会悄悄走到我的后面偷偷地把糖塞进我的嘴里，甜进了我心里。

其间，他们经历了一次中考，虽然中考成绩没有我预期的理想，但我知道，我和我那一群“复杂”的孩子们都努力了。现在想想，我那时也算是“初生牛犊不怕虎”吧。

绿色的淡定

2014 年暑假，赤壁市实验中学的“闻道厅”正在进行全校教师师德培训，我作为代表发言，脱稿演讲的题目是《教育需要等待》，我用三年的时间书写着这一篇章，我不再如红色般跳跃，也不再如黄色般倔强，而是用绿色的从容与淡定，静待花开，收获了累累的硕果。

2011 年 9 月 1 日，我穿着我那条钟爱的青花瓷连衣裙，用我娟秀的字迹在黑板上写上了欢迎词，迎来了我们学校的一批可爱的精灵。

第一件事，我请他们记住两个词“善良”“正义”，我对他们说：我喜欢善良的人，一个人只要心存善良，再坏都坏不到哪儿去，只要你是善良的，我就永远不会放弃你；而“正义”是班级的灵魂，只有大家都充满正义感，我们才能营造良好的班风学风，我们才能打造一个具有凝聚力的班集体，我相信大家都希望能骄傲地对别人说我们班是最棒最优秀的。

第二件事，我要培养他们良好的学习习惯，学会自律，提高自学的能力。班级管理民主自治，小组之间平等竞争，成员内部互帮互助，学习任务不折不扣地完成，学习形式多种多样，敢于质疑，勇于创新，每个学生都能大胆发表自己的见解，每个学生都能主持活动，每个学生都能做小老师。

第三件事，我要教他们“志存高远，脚踏实地”。进入八年级，就要为中考选拔做准备，要有高远的目标，不能只满足于考重点高中，要考重点高中的实验班，不能只把眼光放在本市，要看到全省，甚至全国。要想梦想成真，必须勇往直前，至专者精。

三年时间，经历了“四大女金刚”的离家逃学，男生宿舍的集体爬窗上网，“女王”“学霸”的互动作弊，“多情王子”的早恋等，有过欢笑，有过泪水，有过辛酸，有过骄傲，然而绿色的我总能从容面对，以静制动，坚信上善若水。我用三年的等待，迎来了我生命中辉煌的一页。2014 年中考，我班 60 人，有 42 人过重点高中分数线，一举摘得了咸宁市中考状元桂冠，有 2 人升入了华师一附中，3 人被广州国华中学录取，22 人过重点高中实验班录取分数线。

一路走来，不忘初心，不改倔强，智慧前行，静待花开。

老师，请您的脚步慢一点

湖北省赤壁市实验中学　任　丹

我是个性子缓慢的人，喜我者赞我优雅从容，大气自然，有大家之风，厌我者嫌我散漫拖拉，不温不火，令旁人着急。然85岁高龄，精神矍铄、潇洒从容的金庸先生说：“我的性子很缓慢，不着急，做什么都是徐徐缓缓，最后也都做好了，乐观豁达养天年。”见金庸先生如是说，我更加故我了，更坚持着我的“慢生活”，而且我认为为人师者更应如此。老师，灵魂的引路人，课堂的引导者，如父如母，应该以一种自然从容的态度面对我们的学生，面对我们的课堂。我们的脚步慢一点，孩子们的天空会更广阔。

“慢生活家”卡尔·霍诺指出，“慢生活”不是支持懒惰，更不是拖延时间，而是让人们在生活中找到平衡。慢生活，是一种生活态度，是一种健康的心态，是一种积极的奋斗，是对人生的高度自信。

慢踱步　铺洒阳光

“学校决定明天组织同学们去三国赤壁古战场春游”，话音未落，呐喊声欢呼声掌声顿时响彻教室，同学们异常兴奋，欣喜不已，是啊，这可是他们盼望了两年的“春游”，还是几个女生大着胆子去向校长一再请求争取到的，这叫他们怎么不激动啊？

下晚自习了，同学们讨论着回家准备明天的活动，热烈的氛围在教室里弥漫着，我也被他们的喜悦与快乐淹没。我从讲台上踱步下来，微笑着经过同学们身边准备离开教室，却见小佳莹一个人坐在那里似乎不太开心，我停下步子望着一向快乐的小佳莹，疑惑地唤了一声“佳莹”，她怯怯地喊了我一声“老师”，我感觉到她的迟疑，似乎有什么不好开口，我把娇小的她拉到我身边，问道“怎么啦”，她吞吞吐吐地说：“老师，明天的春游我能不能不去啊?”我心里一惊问：“为什么呢?”她小声地说：“我家里没钱，最近我们家真的很穷，一分钱都拿不出来了，我外婆生病了也要钱，我不想向他们开口。”听了以后，我心里很不是滋味，没想到现在还有为几十块钱发愁的家庭，我见过她的外婆，她是位慈祥的老人，她总是对我说，老师，佳莹还小，麻烦你多照顾照顾她。我听她外婆说过，她父母都在外打工，于是我摸摸她的头说：“没关系，咱去，老师帮你出，什么都别想，明天照常去玩，玩得开开心心的，你也不用不好意思，就当老师借给你的，以后你长大了挣了钱再还给老师，ok?”好在佳莹不是个敏感的孩子，点点头高高兴兴地回宿舍休息去了，我要给零用钱她，她说有。第二天我不时地关注她，发觉她玩得挺开心的，我就放下心来。回来后，同学们用他们美丽的文字记录下了他们精彩的一天。

我常常想，如果那天在教室里我不是慢踱步，就不会发现小佳莹的困惑，那么小佳莹那天晚上该是多么苦恼啊！一向单纯快乐的小佳莹就会被矛盾与纠结困扰了。是啊，老师的脚步慢一点，给孩子的关爱也许就会多一分。

慢踱步，看看座位下，查查角落里，保持一方洁净的教室，给孩子一个清新的天地；慢踱步，整整孩子的衣发，摸摸孩子的头，给孩子一丝丝温暖，让阳光铺洒一室。

慢课成就自信

“健康课堂”的理念吹进了我们的校园，也浸入了我的课堂。我班的管理模式是小组合作自治，各小组都有自己的组名、组训、组歌、组报。课堂上常常会以小组为单位进行活动，分角色朗读，排演舞台剧，开展辩论等，我也不喜欢满堂讲，提出问题必须得到有效回答才进入下一环节，我的语文课堂是“慢课堂”，有时一个星期才学习一篇课文，学生既喜欢我的语文课又害怕上语文课，喜欢可以尝试和挑战，害怕思维必须活跃，思想必须深刻，谁也别想懈怠。每次上公开课，老师们总是赞他们大方、大度、大气。

请大家自由地有感情地朗读《黄河颂》，然后各小组展示你们的朗读，形式自定。同学们积极地准备着，投入得很，朗读声不绝于耳，活跃的小组抢占了先机，各组的朗读形式多样，精彩纷呈，转眼间两节课都要下了，只剩下“奇迹”小组没有展示了，这个小组的6位同学都比较内向，不善于表现，看着他们似乎并不强烈的展示欲望，面对即将响起的悦耳的音乐声，我心中略有迟疑，想就此结束活动，但还是觉得不妥，心中会有缺失。于是我决定拖几分钟，也许他们的朗诵并不精彩，也许他们的形式并不独特，但有了他们我们才是完整的。

放慢了课堂的脚步，我为这堂课画了一个句号，然而孩子们却给了我一个感叹号。在周记中，正是这最后一个小组的佳康同学写了一篇文章《我学会了自信》，他用朴实的语言记下了这一难忘的经历，并且骄傲地说，这次展示让他学会了自信，而自信是成功的第一步。

我庆幸自己没有匆匆结束课堂，差一点就让一个孩子错过了成就自信的契机。无独有偶，一次我参观一所小学，经过窗户，看到一个高大敦厚的男老师绅士般地伸出他的手，一个小女孩摇晃着她的小脑袋慢慢地走到讲台上，为同学们神采飞扬地讲着那道数学题，我并没有听见她的声音，但我能看到她的笑容和自信。她那高高甩起的小马尾在我的脑海中久久挥之不去。

慢课堂，不是拖拉，不是懒惰，不是随意，而是多留点时间给学生，多创造机会给孩子，让他们在慢课堂中发展自己，成就自信，让他们将来无论站在怎样的舞台上，都能勇敢地挑战自己。

慢倾听　走进心灵

“她坐在那里，是那种自然而沉稳的坐姿，乌黑而飘逸的短发，阳光洒在她的身上，泛着红晕的脸庞，构成了一幅唯美的画面。她的每一个动作是那么平易近人，从她的一举一动中我们都不难发现她的独特气质，嘴角微微扬起，微笑像鲜花绽放开来，那笑容，无时无刻不在盛开，无论遭遇多少磨难，心态仍旧平和。当你站在她的面前的时候，你会陡然发现自己的渺小，看着她的眼睛，那么纯洁，不掺任何杂质，没有欺骗，没有谎言，你会觉得她在举手投足间充满浩然正气，只有真挚的情感，是心与心的交流，她是班级的灵魂。”

这是阳光男孩小宇为我画的像，想起那年，他们七年级……

“老师，我站在这里，就是为了看一个人。”课间同学们正围着我你一言我一语地闲聊，小宇突然走过来对我说完这句话就回到了座位上。又过了几天，课间操时他走到我的身边说：“老师，我站在这里，就是为了等一个人。”我一愣，看一个人，等一个人，女生？这完全就是恋爱的感受嘛，青春朦胧时期的心动就是如此热烈，可又一想，既然他如此坦荡，应该不是“早恋”吧。这两句话如一粒小石子投进了我的心里，但并没有泛起多大的涟漪，而真正引起我心中波澜的是期中考试的成绩，小宇的排名一落千丈，我开始重新审视这两句话，评估这件事对他的影响。我侧面向几个同学了解，他们都诧异地望着我，惊讶我是如何知道的，于是我明白了小宇的“暗恋”已经是一个公开的秘密了。我找来了小宇，和他开始正面地沟通交流。我谈到期中考试成绩，并告诉他我尊重你的这一份纯洁的青春萌动，从心理学上讲，青春期异性之间互相欣赏是很正常的，但如果这影响了你的学习，你应该做何打算？我相信你是个聪明的孩子，不用老师多说，应该知道该怎么办。经过思考之后，他向我提出请求，让我在课堂上给他一点时间，他想说一段话以此来结束这一段“暗恋”。

将“早恋”晒在课堂上，将“表白”告之于天下，我做出了一个大胆的决定，我同意了他的请求，我相信这个阳光男孩，因为当他对我坦言“我站在这里就是为了看一个人，等一个人”的时候他就没有想过要瞒着我，他想向我倾诉，视我为朋友，我愿意倾听他这一颗纯粹的心。课上，我和同学们都安静地坐着，我把时间给了他，我至今仍记得他说得那一段话：我喜欢她，我也不知道我为什么喜欢她，老师您说我们的喜欢很短暂，十年后如果再相见也许都记不起来，甚至会觉得当时的自己很幼稚，可我想说，无论多少年，我对她的感情都不会变，不过现在我决定把这份喜欢收起来，藏在心里。我这次成绩退步了很多，以后我要把心思用在学习上了。

我和孩子们倾听了他的告白，一致表示再也不提这件事，他也真的收起了这份暗恋，学习成绩逐步上升，回归到了本该属于他自己的位置。

放慢脚步，慢慢倾听，走进孩子的心灵，一切都是那么自然和阳光，青春依然美好。

老师，请您的脚步慢一点，从容优雅地漫步，自然淡定地前进，宽容耐心地倾听，留一份健康给自己，多一份幸福给学生。

四年终磨一剑

湖北省襄阳市保康县第一中学　孙　涛

当班主任也有四年多了。回想这几年班主任的工作，有很多曲折、失误，也有很多值得总结的经验。和学生打交道，就是老班主任常说的“斗智斗勇”，真的是精彩万分。

初期——事无巨细，焦头烂额着

刚接手一个新班级，由于我没有经验，生怕班级出了乱子，于是班级管理事事亲自过问，家长会、班会、座位编排、干部任命、卫生抽查等都是自己的事儿，这样做自己感觉每天都很辛苦，一件事还没干完，班上又出了乱子，比如上课睡觉、吃东西、顶撞老师。

当时既兴奋又恐慌，有热情，更多的却是无边无际的压力。作为刚踏上工作岗位的新教师，我对工作充满了热情，也不乏“在教育事业上做出一番成绩”的宏伟目标，做什么事情都力图做到最好，最快。但是，很快这种热情就被工作中的琐事扰乱。毛毛躁躁，慌慌张张，只追求了速度，却忽视了质量；太在乎自己的第一届学生，总想照顾到每一个人，会因他们一句话而高兴，也会因他们一句话而忧伤，被他们所左右；倾注了太多精力在班级管理上，却忽略了教学……这些事情搅得我心情很糟，睡眠也不好，一时间好像自己做什么都很失败。

幸亏有同事们的帮助和鼓励，我慢慢调整了自己的心态，也学习到了很多班级管理策略，各种工作慢慢地步入正轨，当然也收获了学生真心的爱戴与情感，班级的各项活动都组织得很好，班级气氛活跃，学生团结，让每一个来上课的老师都赞不绝口。

中期——学习进步，幸福快乐着

有了第一年的经验，当我接手第二批新生时，心里就有了打算。

针对他们的性格特点与心理状态，我安排了一系列的主题班会课，告诉他们学校的要求与我的要求，告诉他们高中生活中会存在哪些诱惑，他们可能会遇到哪些难关，告诉他们要怎样才可以成功，告诉他们要团结友爱，珍惜友谊……

这一系列的工作让我的班级一直以团结文明而著称，学生也为身在这个班级而感到骄傲，为今后工作的开展打下了坚实的基础。这一年对我来说是学习进步的一年，我彻底从第一年的“稚嫩”中走出来，开始形成自己的教学理念与管理风格。

这一年我轻松了很多，有时间对第一年中出现的问题进行反思、改进，班级管理中我采用“自由组合学习小组”的班级管理模式，在我规定的条件下，自由组合学习小组，根据每组的学习、纪律以及卫生情况进行评估排名，成绩优秀的学习小组优先选择座位，这一举措取得了明显的成效，加强了学生的集体意识和竞争意识，同时，我的教学能力也得到很大的提升，所教的两个班级在同层次班级中一直名列前茅。

这一年成就的取得，让我有了信心，让我学会享受工作，感受到做一名老师和班主任的快乐。

现在——学无止境，继续探究着

现在是我做班主任的第四个年头了，我感觉到自己视野的狭隘，知识的贫乏，我仍在努力地学习着、探索着。

刚刚交班的是一个男生26人、女生32人这样比例失衡的理科班。班上的男生女生性格大多文静。这样的班级如果可以将男生的学习积极性调动起来，不仅对他们，对女生来说都是非常有帮助的。

针对这样的情况，我查阅大量关于青春期男生性格特征的图书，并针对这个年龄段男生自认为自己已经长大的特点，用了四个班会课的时间，在班上开展了一次《什么是男子汉》的系列主题班会。说说他们心目中的男子汉，讨论为什么他们得到大家的认可，总结男子汉应具备哪些素质，反思自己当前的行为与男子汉该有的素质相差多远。

这一系列班会课，让男生知道什么才是他们应该学习的，怎么做才是个堂堂正正的男子汉，我们提出这样一个口号：做强者不做懦夫，做智者不做莽夫。现在我们班的男孩子总是在我面前以男子汉自居，男子汉的意识已经慢慢渗入他们内心，他们懂得了照顾别人，学会体谅父母，也知道要好好学习，为自己搏一个灿烂的青春。

白驹过隙，这几年，我从一个学生和孩子慢慢蜕变成一名合格的教师，这样的角色转变让我觉得很奇妙。上大学之前我从未想过做老师，工作之前我不知道我能不能做好一名老师，但是现在我爱上了这个职业，爱上了这群孩子，与他们在一起的日子永远是那么新奇，永远不会孤独。我不知道在班主任这个职位上会做多久，但我知道，这个职位会带给我永远学不完的东西，带给我人间最美的礼物——情感！我将珍惜现在的每一天，与我的学生们一起走过高中所有的坎坷，带着他们一起走过这最美好的时光！

那个课堂上睡觉的女生

湖北省襄阳市保康第一中学　孙　涛

“这节课你去上吧！我反正是上不下去了！”英语老师怒气冲冲找到我这个班主任，劈头就是这么一句。

还有十来分钟就下课了，这是出了什么事？看脸色，估计是与学生有冲突了。我连忙赶到教室，叫出班长，询问了前因后果。

原来，是一起“罗生门”。

英语课上，老师正沉浸在自己的教学中，进行到一半，发现坐在正中央的Z女生披头散发地趴在了桌子上。一开始，英语老师点了她一次名，提醒她坐正专心听讲，于是Z就懒懒散散地坐了起来。于是，英语老师继续讲课。

不一会，Z再一次趴在了书本上，这时英语老师只得又一次暂停，点了她的名字，让她站起来醒醒瞌睡。可是，这一次Z却坐在那里一本正经地说道：“老师，我没有睡觉！”她一副极不情愿的样子。

英语老师顿时生了气，仍然坚持让其站起来，Z却再一次申辩：“我没有打瞌睡，为什么要站起来？”

至此，气氛彻底僵持，英语老师一团怒火直接出了教室，找到我这个班主任“撂挑子”。

我又接连询问了课代表、与Z邻桌和后排的几个同学，他们的叙述与班长差不多。

这节课怕是没法继续了，我果断安排了自习。然后，我将Z叫到办公室，询问事情经过。

Z仍然是一副无所谓的态度，坚称：“我只不过是趴在了桌上，没有睡觉，所以没有必要站起来。”

Z成绩中下，是班上的活跃分子，喜欢打扮，有些娇生惯养，听不得批评，喜欢被夸奖，她的母亲是一位中学老师。英语是她的弱势学科，上课听不懂，下课也不钻研，这样来看，睡觉或者不听也是情理之中。我不想纠缠她是真睡还是假睡，以她的性格，即使是真睡也会嘴硬，让她承认没有意义。

得换个思路。

于是，我问她："你对英语老师印象如何？"

她答道："还好啊，上课对我们的要求也并不是很严，人也好，我们在课堂上讲讲小话甚至打瞌睡她都善意地阻止，并没有惩罚我们。"

我接着问："你英语成绩的好坏与老师有直接关系吗？"

她答道："有一定关系，但关系不大，主要还是自己基础有点差，听不懂，学不进去，时间长了就没有信心了。"

"那老师找过你谈话吗？"

"谈过啊，还不止一次，每次都鼓励我好好学习，要对英语有信心。"

"那你为什么还在课堂上与老师过不去呢？"见铺垫得差不多了，我单刀直入。

她突然提高了音量："因为我真的没有睡觉啊，我只是趴在那而已。"

"那你趴了多久？"

"十几分钟吧。"

在这一问一答中，她似乎还是没有意识到自己的问题所在。我严肃地说："就因为你这点小事，最后放大，以至于一节英语课泡了汤，还让剩下的五十余人一同被你牵连，你觉得这样做对吗？"

"那我可没想到，我是真的没有睡觉啊！"

……

事情最终以Z当众诚恳道歉而结束。可是这件事情我觉得自己处理得并不完美。

老师与学生之间发生冲突可以说是常有的事情。冲突的起因纷繁不一，解决方法也因老师和学生个性各有不同。没做班主任之前，曾见识过某些学生课堂上不怀好意地用墨水弄脏了年轻女老师新买的裙子；也曾见识过某学生当面拍桌子骂娘，指责某班主任不配当班主任；还曾见识过学生及其家长与老师斗来斗去，非要学校给一个"说法"。做了班主任之后，对此类事件心有余悸，于是在班会课、读报、私下聊天等场合经常跟学生强调不得与老师发生冲突，有矛盾要私下解决。但事与愿违，冲突还是发生了。

正是因为有这个心理前提，所以我在处理师生冲突的时候，往往会不由自主地偏向老师，维护老师的威严，却忽视了冲突本可以及时规避，老师也应该以专业素养来及时解决，而不是任由其放大发展，最后不可收拾。

回到前文，Z 可能是趴在桌上，也可能确实睡了一会觉。作为老师，该怎么处理呢？直接简单地点名，点名没有效果，就罚其站立，甚至赶出教室？这样的操作极易引起学生的强势反弹，因为这样当着众人的面罚站、驱赶会被别人嘲笑而很没面子。如何有效有理地解决学生在课堂上出现的各种无关行为，是我们为人师者都要反思的问题，冲突的规避和合理解决还是要多找自己的原因。

师生关系说到底还是一种人际关系，它以课堂为主要阵地，师生关系并不必然地只充满美好，也会有冲突、矛盾甚至纠纷。作为班主任，很多时候为了使后续教学顺利进行，必须尽力维护教师的威信。那么教师是否在所有冲突中都是正义的一方呢？老师是否要反省自己为什么要走到公开的冲突这一步呢？老师相对于学生有着不可动摇的强势地位，居于强势的管理者如果面对弱小的被管理者都要以冲突的方式来解决问题，无疑是失败的。

这失败不仅是对老师自己的，更是毫无疑问会影响学生的学习生涯。在过往的冲突中，某位男生和数学老师当众顶撞后，其数学成绩一落千丈。因此，相对于老师本身的情绪而言，冲突引发的情绪抵触对于学生的伤害往往是巨大的。学生在冲突中表现的不理智行为一是与其年龄段的冲动有关，二是与其家庭教育的润泽息息相关。一旦冲突发生，学生往往是弱势的一方，如果学生再联合家长，向学校、老师要个说法，即使有了说法，学生在该学校的后续学习也必定会产生不利影响。

因此，有责任有技巧地规避及化解冲突的一方，从来应当是老师，而不是学生。

坚守一份责任，锻造一股魅力

湖北省黄冈市黄州思源实验学校　孙晓梅

印度诗人泰戈尔在诗中写道：“花的事业是甜蜜的，果的事业是珍贵的，让我干叶的事业吧，因为它总是谦逊地低垂着它的绿荫。”带着对教育事业执着的追求和向往，我无怨无悔地选择了教师这一职业，在平凡的岗位上做着平凡的事情。

二十多年过去了，我始终扎根教育一线，用责任点燃学生追逐人生梦想的火焰，用热情打造教学活动中的魅力。

一、坚守一份责任

1991 年，我毕业后就被分配到了老家的乡镇，在一所村小任教。在这里有很多老师是我小学时的老师，不是我老师的，转几个弯儿也都能扯上亲戚关系。

儿时的记忆中，有一个苏老师，她一直带小学低年级的语文。“a…o…e…”，这是苏老师在上课。寒冷的冬天，太阳公公露出了它的笑脸，苏老师就带着我们一群小萝卜头在教室的南边晒太阳。我们最喜欢的是围坐在老师的膝下，老师一边给我们梳辫子，一边讲故事。

而那个秋天，在这个听过故事的校园里，我就要成为新的“苏老师”了，所不同的是，学校安排我带三年级的数学课并担任班主任，另外，还带班上的美术课、音乐课、体育课等。

这所学校里，除了我，最年轻的一位老师也已经 30 多岁了。可能是“亲戚”多的缘故，也可能因为我是学校最年轻的老师，我在工作中得到了老师们的很多鼓励和指导。

“你很适合教书。”“你的字写得很漂亮，女孩子能写这样好的很少。”“这个小孙老师做事很认真，不错，不错！”……他们常常毫不吝啬地为我加油鼓劲。每当我有不知道的事情或疑难事情时，他们总会及时给予我耐心、热情的指导与帮助。

在村小，一个班的孩子并不多，我带的三年级班只有30多名学生。每当看到孩子们一双双明亮清澈的眼睛，听到孩子们“老师，老师”的热情呼喊，我浑身就充满了无穷的力量。

我精心准备着每一堂数学课，认真细心批改作业，经常把优秀的作业在班上展示并及时表扬，而对那些成绩落后的同学我就热情地鼓励着：“小潘同学，你今天10道题做对了4道题耶，真棒！这6道题我们来一起再做一次试试……”

音乐课我教孩子们唱歌，除了音乐课本上的，我还自己挑选一些好的歌曲来丰富教学。为了教学更高效，我利用晚上在家时间用钢板蜡纸刻印歌谱、歌词(当时的印刷只有这种钢板蜡纸油印)，然后印好上课时发给大家。没有乐器，我就把自己的吉他带到学校，教大家识谱、给大家伴奏……

美术课我教孩子们画简笔画，教他们制作简单的手工作品，有时利用一些废旧的材料，有时我自己掏钱买一些手工纸发给孩子们……

我觉得，我是一个快乐的孩子王。每次期末统考，我所带班级同学成绩都特别优异，这引起了领导的关注，两年后，我被调到了路口镇的窗口学校——花园小学。

结婚后，爱人和家人都在城里，但我始终把工作放在第一位，而且勇挑重担。在花园小学工作期间我担任小学语文学科的教学(三到六年级循环)和班主任，还担任学校的教务主任。

每天早出晚归，学校和学生就是我的一切呀！“普九”那年，为了学校工作我还经常节假日、休息时间加班，公公、婆婆、爱人都说：“你那几个钱的工资，要那么拼吗？做得差不多就可以了！”

我就嬉皮笑脸地对他们说：“赚钱我不擅长啊，有你们就行了，我的工作钱不多，但是我喜欢呀！”家里人虽然喜欢开我玩笑，但实际上都因为我是一名老师而自豪。他们口头上说是说，但是看我那认真劲儿，也拿我没法，带孩子、买菜、做饭等家务活，从不要我沾边。

记得有一年我小产，按规定可以休息 15 天，可是，我带的是六年级毕业班，又是班主任，这样休息下去，同学们的语文学习会被耽搁、班级纪律也会松懈，那小考怎么办呀，还有学校的教务工作……在家休息 3 天，我是一天也没安心，和学科老师、校长之间电话不断。第 4 天，我向婆婆申请要去上班，婆婆坚决不同意，说没休息好以后会落下病根什么的，我在家就跟婆婆爱人软磨硬泡，第 5 天婆婆没办法，让我爱人开车送我去学校，“不能吹风啊”“不能吃凉的啊”……叮嘱了一大堆，至今，我仍然感激我的婆婆一直以来对我像女儿般的照顾，还有爱人对我的宽容与迁就。而作为一位母亲，孩子在幼儿园和小学期间，我能陪伴孩子的时间太少。

2002 年，我被调到了路口中学工作。从家里到路口中学，路上需要一个小时的时间。为此，我每天 5 点多钟就要起床。夏天还好，但到了冬天或遇上刮风下雨的天气，可就不那么好受了。每天，我要用 15 分钟时间穿过亮着霓虹灯的街道，坐上长途班车，30 分钟后到达路口下车，四周黑漆漆的一片，我就在这黑暗中深一脚浅一脚地花 15 分钟走过那坑坑洼洼的小路，这才来到学校。

我在路口中学任教了 10 年。担任班主任时，坚持做到学生到校我就到校。实在是天气恶劣的时候，我就在学校简陋的平房里住起来。

儿子上中学时，我在路口中学工作，同事们都把自己的孩子转到城里的中学去了，因为城里的教育资源更好，而我为了更好地工作和能有更多的时间陪伴孩子，同时，我相信自己、相信自己的同事，我毅然把儿子从城里转到了农村中学来。在路口中学，在那间矮小、简陋的红砖房里，儿子陪我一起度过了3年时光，那是一段温馨甜蜜的回忆。

儿子不在我的班上，但我把班上的每一名学生都当做自己的孩子一样。我希望我的学生做一个有责任，勤奋、能吃苦的人。我自己首先做到，我每天和儿子作息时间一致。学校领导安排的各项工作，我坚决认真地完成好。有一年，因为一位同事被调到城里了，学校人事上出现缺口，领导找到了我，我毅然接受任务。那年，我担任了初二和初三两个超大班的语文教学工作，还加上一个班的班主任工作，但我从不抱怨，而是积极地想办法把工作完成得更好、更出色。现在想起年轻时候我的那种热情和执着，那都是责任心使然。

二、奉献一颗真心

“亲其师，信其道”，我深知这句话的正确。我为自己所热爱的事业奉献的不仅仅是时间，更是一颗爱心。

小伟是学校的住宿生，一天下班回家后，我打电话给小伟妈妈，聊到小伟近段时间进步很大，学习特别有劲儿。无意中，小伟妈妈说：“今天是小伟生日，我们在浠水，上班又抽不出时间，只好周末给他补一个了，哈哈！”

放下电话，我就买了生日蛋糕，赶到学校去，刚好班上住宿的同学下了晚自习。我招呼他们回到自己的教室，看到漂亮的生日蛋糕，孩子们惊呼起来，我们一起为小伟庆祝了生日。

得知班上的成成是单亲家庭的孩子，每天中午在食堂吃饭，我都会叫上成成一起，放学时候下雨了，一定要问一下成成有没有雨伞，我还会帮他去书店购买需要的学习资料。

班上每一位同学有了小小的进步，我都会为他们欢欣鼓舞。我经常自己掏钱买一些奖品，作为对孩子们的奖励。

璐璐同学是班上的学困生，但是我发现她写字整洁，而且劳动积极，所以，我就经常在全班表扬她，让她建立起自信，帮她找到自己的存在感；慢慢的，她的学习有了提高，跟各学科老师也更亲近了。有一次，她还送了几块绿豆糕给我并说："老师，这是我爸爸出差带回来的，您尝尝吧！"看着这几块变了形的绿豆糕，我差点儿掉下了眼泪，孩子该是揣了多久、鼓了多大的勇气来送给老师的呀！我连忙说："谢谢璐璐，谢谢璐璐！"

台湾教育家高震东先生曾说过：爱自己的孩子是人，爱别人的孩子是神。我深深地体会到，作为老师，应当把整个心灵献给学生并坚持一视同仁，将神圣的师爱均匀地撒向每一名学生，以感染他们、改变他们、教育他们、造就他们。每当静下心来回味与每一届学生的点点滴滴，它就像一杯茶，苦涩中浸着浓浓的醇香。

三、锻造一股魅力

1. 语文课堂魅力

让自己的课堂有魅力是一名老师永恒的追求。语文课的魅力来自语文本身。我们民族的语言以其丰富的语汇，精妙的表达，丰富的文化底蕴而魅力无穷。李白、杜甫、白居易、唐宋八大家、鲁郭茅巴老曹，语文教师如能把学生领进这些文学大师的语言殿堂，那他们怎能不热爱自己民族的语言。

语文课更需要教师的激情。它像喷薄而出的岩浆，又像汩汩淌出的清泉，它是师生内心生长的一股力量。这股力量让学生对语文如醉如痴。这样的语文课堂才会魅力四射。

语文教材中许多典范的文本给教师的再创造留下了无限的空间，足以让我们激情奔放，游目骋怀。《观沧海》的壮美与豪放，《武陵春》的凄婉与伤情，《雷电颂》的悲壮与激昂，《我爱这土地》的忠贞与赤诚，《老王》所彰显的人性的光辉，《背影》所流露的父子深情，这些文质兼美的文章，无不浸透着作者情与感的结晶，灵与肉的凝聚，神与思的升华。上《背影》这一课时，我声情并茂地朗读了这篇课文，读到“这时，我看见他的背影，我的泪很快地流下来了”。我自己的眼泪就忍不住地滴落下来，同学们屏住呼吸，教室里鸦雀无声，读到“等他的背影混入来来往往的人里，再找不着了，我便进来坐下，我的泪又来了”时，我的声音哽咽了，有一些学生也是涕泪涟涟。

教学经验告诉我，教师需有丰富的情感，且情要真，遇假恶丑而怨憎怒，遇真善美而生怜爱，以此感化学生。备课时要深入钻研教材，充分领会课文中作者蕴含的情感，在课堂上把自己的情感和课文的情感有机结合，真诚地释放出来，一定会深深感染学生，拨动他们的心弦，引起他们强烈的共鸣，从而深入理解作者的意图和作品的主题。

我还注意运用现代媒体，创新教学环节中的一些细节，如导语、板书设计、提问等，有时一个巧妙的细节设计会让学生过目难忘。

在与学生的交往中，我努力创建一个磁场，让学生感到老师可亲可敬。在讲李白、苏轼、李清照、鲁迅等名家作品时，我会准备关于作家作品的精彩故事讲给同学们听，努力丰富自己的知识，使自己的语言幽默，从而让学生把语文学习当作一种幸福，一种快乐。

2.“雅韵”班级文化魅力

一个班级，没有自己的成长理念，就跟一只无头苍蝇一样，盲目无序。就算考试成绩次次领先，孩子们的精神世界往往也是贫瘠的，而这恰恰又是最可怕的！

我不擅长一出手就带出优秀班级，也不擅长逼迫学生把所有心思都花在提升分数上。我喜欢循序渐进，喜欢步步为营，就像修房子一样，老老实实地从基础做起，把每一个步骤都做牢实。这样虽然辛苦，可能也看不到立竿见影的效果，但从长远来讲，孩子们是赢家。我要的，就是孩子们今后更顺畅，拥有更美好的人生！

2016 年 9 月，我到了黄州思源实验学校，这是一所全新的学校。我所带的班级是七年级 7 班。开学之初，班级难以展开全面建设，但并不等于不建设。我在对班级实施有效管理的前提下，就着手与孩子们一起来对班级文化进行初步的打造。

首先是布置教室。怎样把教室布置成温馨友爱的家，让每个孩子都能把心放在这个家里呢？教室里只有光光的桌子与椅子，温馨、温暖从何谈起？在不能收班费的情况下，我自己花钱在网上买了点小墙贴，量身订制了我们的班务栏、作品栏、卫生角、图书角、绿植角，还挑选了李欣蕾同学的一幅非常大气的书法作品来布置教室，然后，在家长群里和家长们沟通，在班上号召同学们，我们的班级首先应该是一个书香班级，还应该是一个花香班级。家长和同学们也兴致勃勃地带来了盆栽和图书，白色单调的教室现在充满了活力和生机！

班级制度当然也是多方面的。不过开学之初，不必各方周全。植入的东西太多了，孩子根本就顾不过来。因此，重点把课堂管理章程制定出来，并且真正落实下去才是最重要的。

由于孩子们才到学校，我以为还是从浅层次的入手。比如给我们的班级取一个名字，根据我们的班级成长理念拟写出班级的班训以及班级格言、班级口号。这个任务我在开学后第三周的周末布置下去，让每个孩子都参与这场取名活动。然后进行海选、精选，最后定局。给班级取名字，全班同学都参与了，我从 55 个班名中选出 10 来个，又跟我们班的学科老师一起琢磨，最后挑出 4 个。再把这 4 个班名“雅馨”“雅韵”“墨韵”“骐骥”以及班名的内涵打到大屏幕上，让孩子们来评议投票，结果“雅韵”胜出。

雅，可以理解为“文雅”“优雅”“儒雅”“雅量”等。词典释义：正规、标准的，美好高尚，不粗俗的。“雅”字，似乎涵盖了所有美好的事物。韵，可以理解为“好听的声音”，如松声竹韵，还可以理解为“情趣”，如风韵、韵味。

我根据同学们的阐释，给雅韵 7 班植入了一个成长理念：建设一个格调高雅的班级，让每个孩子都朝向美好！

关键就在“高雅”一词上了。怎样才能让雅韵 7 班高雅？就目前孩子们的表现来看，不论是女孩，还是男孩，他们的言谈举止，他们对人对事的态度，都谈不上“雅”，个体都不雅，何谈整个班级高雅？

但这有什么关系呢？任何一种生命状态，不都是慢慢修炼出来的吗？关键是，我怎么去帮助孩子们修炼呢？依我的经验，打造班级核心文化是一条较有效的路径。我始终相信，好孩子是熏陶出来的。我既然希望孩子们的内在素质提高，希望整个班级都高雅，那我就打造一个时时处处都充满“雅文化”的文化场，让每个孩子的生命都浸润在这个文化场里！我坚信，三年后，必有收获！具体操作如下：

第一，为“雅文化”制造舆论。我跟孩子们说：“既然我们的班级叫雅韵7班，班级成长理念的关键词是‘高雅’、‘美好’，那么我们就应该有我们自己的独特文化，这个独特的文化是什么呢？我觉得叫‘雅文化’最好，重点在‘雅’字上面做文章。”

第二，提炼出“雅文化”的关键词：文雅、优雅、儒雅、典雅、高雅。具体要求是：男生要文雅，女生要优雅，男老师要儒雅，女老师要典雅，整个班级要高雅。

第三，敲定“雅”的核心素养。

文雅：谦虚、有礼、大气、幽默、责任，尊重女性。

优雅：善良、美丽、勤奋、健康、有见识，善解人意。

儒雅：博学、有礼、风趣、阳光，有风度。

典雅：知性、美丽、善良、乐观、庄重、有学养、情绪稳定。

高雅：高尚、不俗、积极、上进、和谐、温馨。

第四、制定修炼措施。我先后给雅韵7班的孩子制定了一套“修身宝典”、“优秀男生修炼秘籍”、“女子箴言”等，让男女生照章执行。

第五，说起这个“雅文化”，真正要落实下去与孩子们血脉相融，可是要日复一日地修炼。

在班级影院我根据需要有针对性地选择影片，指导学生观看。例如《为黛西小姐开车》《刺猬的优雅》，同学们通过讨论交流后，就更深层次地理解了“优雅”的含义以及爱与沟通。

最近，上《与朱元思书》一课，“好鸟相鸣，嘤嘤成韵”学生翻译为：“美丽的鸟儿互相和鸣，嘤嘤地唱出和谐的韵律。”我顺势指出，“韵”应该还包含和谐的意思，我们雅韵7班的同学们要团结一致，友好相处，才能一起奏出和谐之音，同学们纷纷鼓掌。

根据我们的班训和班名以及班级理念，我们班级logo的设计，由学生和家长共同参与，我把每一份作品都保存在班级的群相册中，最后，同学们投票通过的是陈家思同学的梅花金鱼的设计。

好的教育，没有捷径可走！每一条能到达目的地的路，都会走得很缓慢，很艰辛，但是坚持住，就有走到目的地的一天！

3. 学习，提升自身魅力

“问渠哪得清如许，为有源头活水来。”工作中，我积极参加学校和上级组织的教研活动，听课、讲课、评课等。《中小学传统文化教育实践研究》的课题在2014年7月获国家级课题结题证书，目前，学校立项的国家级课题研究，我也在积极地参与。

2016年11月，我参加了湖北省第五届卓越班主任高级研修班的学习，这是我班主任工作中收获最丰厚的一次学习。集中学习、在线研讨、名师授课、博士指导，在这里，我像是在享受饕餮大餐。名家大咖云集，钟杰老师、王晓琳老师、秦望老师等，他们给了我很多实用的东西。关于班级文化建设，钟杰老师的那一套方法在我的这一届班上很适用。我参加了王晓琳老师的“电影故事小组”的研究，尝试用适合的电影来解决学生中的一些问题，还有一些短小视频，这些比单调乏味的说教效果要好得多。

为了提高自己的业务素质，我会挤出时间看书。2017年我购买和阅读的书有：《寻找不一样的教育》《教室里的电影院》《魅力班会课》《影响孩子一生的100部电影》《教室里的正面管教》《学生管理心理学智慧》《教学工作漫谈》《教育智慧哪里来》《第五十六号教室的奇迹》《阅读照亮教育》等，这些是我工作不断创新的源泉。

我还坚持写教学叙事和反思，这样经常反思总结，能让自己不断地进步。近两年，我写了几万字的教学笔记，如《如何对女生进行行之有效的教育》《给男生施展本领的机会》《试卷丢到地上后》《改变，从座位开始》《我的班级故事系列》等。其中有在期刊上发表的，有在卓越班主任学习中作为优秀作品和其他学员交流的。我还荣获湖北省楚天中小学卓越班主任高级研修班班主任基本功大赛优秀奖，被聘请为湖北省楚天中小学卓越班主任高级研修班讲师。

作为黄州区名师工作室的成员，我积极地参加工作室的各项学习、听课、评课、讲课、讨论以及编写教案、制作课件等活动，和大家一起成长，一起提高。

从教二十多年，我珍惜每一次评比竞赛的机会并多次获奖：2016 年 5 月，全国初中语文教师基本功展评优秀课例评比一等奖；2015 年 12 月，黄冈市教学精品课展示一等奖；2016 年 6 月，指导刘连菊老师在全国语文教师优秀课例评比中获一等奖等。我还获得黄州区“青年岗位能手”、黄州区优秀教师、黄冈市骨干教师等诸多令人艳羡的荣誉。

奉献是一种美德，作为是一种坚守，“采得百花成蜜后，为谁辛苦为谁甜”是我不知不觉中呈献给孩子们的礼物。拥有一颗平常心、拿出一颗真心、献上一分爱心，当社会需要的时候，少一分计较、少一些牢骚、欣然挑起责任的重担，努力做好每一件事，认真对待每一个人，坚守一份责任，锻造教学魅力，这就是我作为一名人民教师坚守的信条。

和学生一起成长

湖北省襄阳市南漳实验中学　徐　莉

从担任班主任到现在已经8年了。8年来，我总共带了4届学生。一路走来，我咀嚼过失败的苦涩，也品尝过成功的甘甜……不同班级，不同层次的学生丰富了我的阅历，让我的青春由此变得不再单调，也促使了我的成长。

初踏征程(2010—2012年)："保姆"班主任

"每一个学生都是一个美丽的精灵。"教育界的前辈们总是这样在典籍中教育我这样的后辈，我在上师范的时候对此深信不疑。在走上教育工作岗位的时候，我抱定这样的信念，信心十足地开始了我的教书育人工作。

我接手的第一个班级是一个完全由学校领导指定的班级。我不知道我会遇到什么困难，但我完全没有一丝顾虑，怀着满腔的热情开始了我的班主任生涯。

一段时间下来，我慢慢观察到我班的孩子特点：大部分男孩子调皮，上课注意力不集中，学习习惯、行为习惯都不理想。在我班上过课的任课老师评价都是：这个班课难上，一个字：累！

这对初踏讲坛的我来说，无疑是一个巨大的打击。但我并没因此而减少热情，我相信"一分耕耘，一分收获"。

我开始了"保姆式"的班主任工作。每天早上，我总是最早到校，指导晨读管理员如何开展自主管理活动，几个星期下来，迟到的现象没有了，原来早到校不进教室读书的孩子也养成了早到、早读的好习惯。

每天中午，我匆匆扒了几口饭就在教室里“蹲点”，检查卫生，“监督”孩子们的一举一动。有时为了转化后进生，我经常亲自到校园的各个角落“搜寻”，把他们一个个请进教室，手把手地辅导他们学习。

放学了，我还得亲自监督学生值日，可是还是有一些懒惰分子“临阵脱逃”，逃避值日工作。有时我还放弃休息时间，为后进生补课，甚至因此被人误会，举报说我有偿家教，害得校长找我谈话，后来一位好心的家长站出来为我辩护：现在这么好的老师哪找去？放弃休息时间免费为孩子补习，居然还有人举报！我终于有惊无险地度过了这一关。

在一次又一次的“问题”解决的过程中，我一次又一次地磨炼着自己的意志，考验着自己的智慧，发展着自己的能力。我几乎把自己所有的时间和精力都花在了这帮孩子身上。

凭着青春，抱着满腔热情，这一年我以“抓稳定、促发展、不让一个学生掉队，力争每个人都有进步”的目标开展班主任工作，同时积极参加学校组织的各项活动，让学生在活动中能找到自己的长处和优点，肯定自我的价值。

在我“保姆式”的服务下，学生出成绩了，我所带学科位居年级第一，班级整体成绩位列年级第二，让同事和领导对我刮目相看。更重要的是，我赢得了家长的尊重和信任，我良好的教育口碑也为我今后的教师生涯打下了坚实的基础。

辉煌历程(2013—2016年)：“管家”班主任

经过了三年的“煎熬”，终于苦尽甘来，我轻轻松松地接手了第二届学生。总结了带第一届学生的经验，我决定要将自己从“保姆”晋升为“管家”。只有更高效，更轻松地管理好班级，我才能将自己解放出来尝试其他方面的发展。

基于以上的认识，我将班级管理目标锁定为：以生管生，以点带面，多方联动，共促发展。为了优化班级管理，我费了不少心思。

首先，创设优化的管理环境，把学生从受教育者转化成一个自我教育者，突出学生的中心地位，让学生做班级的主人。大家创建一个文明守纪、团结互助、勤学上进，有强大凝聚力的班集体。然后，充分发挥学生主体作用，构建民主组织，实施“班干部竞选”，选拔一部分责任心强，有工作能力的同学担任班干部。刚开始，孩子们可能没什么工作经验，我就手把手指导，或是亲自示范，一段时间培训下来，这些班干部就可以上岗了，这样，既减轻了班主任工作的负担，又锻炼了同学们的能力。

在学习管理方面，我采取“以点带面，生生互动”的方式，根据不同学生的特质，将班级划分为若干个合作组，并在全班开展竞赛，增强组内凝聚力以及竞争意识，从而激发孩子们的学习内驱力，变被动学习为主动学习，这样一来，我再也不用像以前那样事事亲历亲为了，也不用整天像个警察似的监督了，我这个班主任就可以稳坐“钓鱼台”，等待丰收的果实送上门来。在学校统一举行的期末考试中，我班孩子的成绩总是名列前茅。

在抓好班级管理和学习管理的同时，我还不断开展寓教于乐、丰富多彩的文体活动，使学生的才华得到展示，集体自豪感得以增强。民主化的管理和家庭化的情境，使每个学生都能感受到集体的自豪和家庭的温暖，这使我们的班集体拥有了和谐、团结、积极、向上的正气。

班级管理上了轨道，我这个班主任便可以“全身而退”，偶尔在幕后遥控指挥，因为我完全信任我的孩子们有能力处理各种事务，这也是我平时不断鼓励，增强孩子自信心的结果。

这样一来，我就有更多的时间来思考自身的发展，这三年来，我撰写了几篇论文，获得了市县级优秀老师称号，让我从一个教坛新手变成了学校的中坚力量，得到了领导的肯定，更成了家长心目中的“良师”。

再上征途(2017年至今)：“智慧”班主任

新一届的招生开始了，这意味着我又要迎接三年的挑战，但在还没正面“交锋”时，我已经被一个个我不认识的家长的热情所围攻，他们积极要求让自己的孩子进我的班，让我感动之余，也给我增添了莫大的压力。

我接手的这届学生完全出乎我的意料，学生个性鲜明，浮躁好动，在家都是备受宠爱的独生子，行为习惯懒散，没有坐立走的正确姿态，以自我为中心，每个学生的学习经历差异也很大。

面对这样一群还未开窍的“顽猴”，我经常是一节课下来就汗流浃背，到家整个人就虚脱无力，我感到前所未有的沮丧，我先前的教育经验在他们面前显得那么苍白无用，他们颠覆了我所有的教育理想。

我只能一遍遍告诉自己，一定不能辜负家长对我的信任，再加上头顶上的那些光环，我也不能让别人看我笑话，可能正是因为这些爱面子的想法，我在开展班级工作时总是心浮气躁。当孩子达不到我的预期设想时，我就又急又气，再加上学校的行政工作，这考核，那检查，让我忙得焦头烂额，顾得了这头又忽略了那头，我甚至怀疑自己的工作能力，有时还产生不想面对的负面情绪。

但多年的教育教学经验，让我不断反思，难道我就这样迷迷茫茫地过我的教育生活吗？不行，我要寻求超越，可是这又谈何容易呢？正在我万分迷茫之际，我有幸参加了这次卓越班主任培训。

这一段时间的学习让我了解到，一个教师的继续成长离不开书籍的浸润，只有读书才能让你过上一种完整而又幸福的教育生活。

庆幸的是，学校也在这种思潮的引导下，申请了教师专业阅读项目。在学校开展的一系列读书活动中，我汲取了丰富的营养，接受了最前沿的教育理念，学到了更有创新的教育管理模式。

深入阅读之后，我决定开展一些实践。于是，我开始尝试将书中学到的管理方法经过自己的改良和创新后引进到自己的班级管理中，比如，我在班中设立“派特时间”，只要他们在规定时间内完成我所设定的目标，就能得到相应的奖励时间，当这些时间累积到足够多时，孩子们就能看到他们喜欢的动画节目，或是玩他们喜欢的游戏等。这样一来，孩子们学习的专注力就更强了，我也能顺利完成教学任务了。

同时，在班级管理方面，我推出了“积分制”，一项由班干部、各任课老师以及班主任共同参与的打分制度，每周累计一次，评选出得分较高的若干名学生授予“行规达标章”，并给予小小的物质奖励，对于连续两周都荣登榜首的孩子，将给他的积分升值，以增强他们的自信心，巩固他们的良好行为习惯，也树立了这些孩子在班中的正确导向作用。而对那些分数低的孩子先将其列入“黑名单”，接受批评教育，并允许他们向老师借取“积分”，通过努力换取更多的积分之后再偿还，这样一来，孩子们就有了向上的动力，不良习惯也因此得到改正。当然，总会有个别孩子屡教不改，这时就要请班长出面将其列入“惩罚名单”，让其接受一定的惩罚，并电话通知家长寻求合作，使家校形成教育合力，共同教育孩子，直至改正。

有了“积分制”后，不用我亲自出面，就有一种无形的力量在约束着孩子们的行为，连任课老师都评价说：“只要我一拿起积分簿，孩子们就立马进入状态，老师省事多了……”我在高兴之余，更要感谢书，是书给了我再上“征途”的勇气和力量，自信的笑容再一次在我的脸上洋溢。

班主任工作是很有挑战性的工作，每一个学生都是一个世界，要想成为每一个学生的朋友，要想得到每一个学生的信任，需要付出很多的心血。但是，这一切都很值得，因为，我得到的将是一个美丽的世界！

利用偶像促进男生成长

湖北省襄阳市南漳实验中学　徐　莉

男孩子应该自信、勇敢、坚强、阳光、快乐。但现在有些男孩子却由于家长对子女过于关注，担心孩子受委屈、受伤害，在孩子面临小小的困难或考验时，马上就把孩子置于“保护伞”下，剥夺了孩子锻炼勇敢品质的机会而导致他们胆小怕事，缺少勇敢精神，缺乏担当精神。同时，传统的应试教育下的评价模式往往将“规矩”、“听话”放在第一位，男孩子好动、好奇的优点，在评价制度面前，成了致命的弱点，这些孩子不得不收敛起自我个性，学会驯服和听话。久而久之，错过了天性的舒展、最佳的人格发展阶段。那么，作为班主任的我们该怎样教育现在的男孩子，使他们健康成长呢？结合我的教育经验，我浅谈一下自己平时在工作中的想法和做法。

一、教孩子树立正确心态

让学生从生理学知识中知道男女有别，让他们从社会发展的过程中体会到男人在社会中应扮演什么样的角色，应承担什么样的社会责任。教给他们解决问题的方法，学会独立思考处理问题。比如，跟同学闹别扭，你应该问他为什么会闹别扭？你觉得自己有错吗？你觉得应该怎么做才能解决呢？我也认为你说的这个方法不错。如果他做到了，就给他精神鼓励，要发自内心地、平等地让他感觉自己也是一个大人，能够独立思考。

二、引导男孩学会自律

男孩往往更好动、更不服从，应试教育强调纪律服从和知识灌

输，这种他律有时候会适得其反，甚至引来孩子的反叛，更好的办法是采取适当的方式引导孩子提高自律的能力。父母和老师首先需要以身作则，给孩子树立好的示范。并且给予孩子正向的激励，在孩子做得好的时候给予他称赞与奖励，鼓励孩子将好的品质坚持下去，引导男孩们形成良好的自律品质。

三、利用偶像来促进思想成长

现在的孩子都喜欢追星，我利用班会让他们自己探讨什么样的星是值得我们崇敬并值得我们去学习追捧的。标准有了，我就进一步要求学生为自己确立男子汉偶像。我鼓励学生利用我们自己确定的“男子汉标准”独立思考，在古今中外的名人中为自己找一个可做终身偶像的人，读他的传记，研究他的成长过程，深刻理解他的“男子汉”品质，把这种品质“拿来”作为自己永久的精神食粮。并且我要求学生长期坚持写成长日记，比照偶像来鞭策自己，学习偶像的吃苦和拼搏精神，使他们朝着积极健康的方向成长！

四、以身作则引导成长

在社会环境的影响下，许多孩子常常以自我为中心，不会关心和关照他人。有一次，我召集十多位同学到办公室开会，办公室里座位有限，几个男生抢先坐到座位上，还有两三个女生站着。我最后进来，见到这种情形，我对着我的座位做了个手势，示意离我最近的女生坐下。几个男生见此情景，连忙起立给女生让了座。在这种轻松友好而又幽默的气氛中，我的手势，既是对男生的提醒又是对他们的评价，使他们立刻意识到自己男性角色所应有的“绅士风度”。

此外，在我的班级里，我允许班上的男孩在校闹腾，使男孩的过剩精力得到一定发泄，给他们更多的自由，更多的理解，更多的活动空间，少纠正他们的缺点，多表扬他们的优点，他们就会变得稳健、可爱和有能力。

五、结合电影，引导男生成长

成长是一种经历，也是一个过程。随着年龄的增长，我们在途中遇到的喜、怒、哀、乐会把我们的内心一次又一次地进行洗礼，让我们慢慢地明白一些人和事，学会感恩、学会团结、学会自立……我们也会认识真、假、善、恶、美、丑。《草房子》和《别惹蚂蚁》，这两部电影的主人公在经历了生活的磨炼后形成积极的力量，实现了人生真正的成长。今天我就结合这几部电影谈谈如何引导男孩子的成长。

《草房子》的主人公桑桑是个活泼、要强、懂事、重感情的孩子，但他也是个惹祸精，他的成长过程就是不断惹祸的过程。正所谓小错不断，大错也犯。印象深刻的有：扯下爸妈的蚊帐当渔网捕鱼捞虾，夏天穿棉袄戴棉帽走秀，争抢陆鹤的帽子极尽捉弄之能事，烤红薯引发火灾。他在经历了生活的种种磨难后从一个顽皮、淘气、无知的孩童成长为一个坚强勇敢的人。《别惹蚂蚁》的主人公卢卡斯·尼克，性格叛逆，不但被家人当做透明人，还时不时地要被隔壁比他大一些的小孩欺负。这样的环境使卢卡斯最喜欢做的事情就是欺负后花园里的那些比他弱小的蚂蚁。但自私的他自从到了蚂蚁那边，受到了蚂蚁的影响和熏陶，后来变得勇敢、自信、自强。这两部电影的主人公都成功地实现了人生的蜕变。其实这两个孩子的性格中都含有自卑的特点，桑桑之所以做一些稀奇古怪的事，其实就是因为自卑，想通过这一手段引起他人的关注。而卢卡斯也是因为自卑，觉得自己不强大才会欺负后花园里那些比他弱小的蚂蚁，以寻求精神上的满足。

在我们所教的孩子中也有这样的人。那些自卑的男生，大都表现为不开朗、胆小怕事，在讨论时，总是只听而不抒己见，有自卑感，总认为没有人喜欢自己。对于这些孩子，如果不培养他们的自信心，就会影响其一生。因此，有意识地加强儿童自信心培养是很必要的。那么，作为教师如何来引导这样的男孩子成长呢？

首先，要做好对他们在校的教育引导工作。要设法燃起他们心中美好愿望的火，树立起他们的自信心，允许他们犯错。自卑感强的学生对外界特别敏感，因此特别需要尊重，不宜随意批评、训斥，对这样的学生应以正面鼓励和肯定评价为主。《草房子》中对于夏天穿棉袄戴棉帽走秀事件，桑桑的老师们是边看边笑，“笑得弯下腰去，然后跑进屋里喝口水，润了润笑干了的嗓子”；对于捉弄陆鹤一事，桑桑的班主任老师也没有大发雷霆，其父母的处理方式是陪同桑桑亲自去陆鹤家道歉；至于烤红薯引发火灾一事，桑桑的老师和校长爸爸也只是让他自己进行了一次深刻的思想洗礼，让他深刻地感受到了“无法抬头的卑微”。

其次，鼓励他们多交朋友，广交朋友，利用集体的力量帮助他们实现转变。多数有自卑感的学生，往往对他人存有戒心，教师和家长应注意在自卑者的生活圈中培养一种平等、和谐、融洽的氛围，为自卑者克服自卑感创造良好的外部因素。鼓励他们与人交往，就是要消除他们和他人之间的隔膜和戒心，同时，发现自己的优点和他人的弱点，摆正自己的位置，减少不必要的自卑。

再次，给他们创造成功的机会。《别惹蚂蚁》中有这样一个情节：强大的马蜂们来袭击蚂蚁们时，小蚂蚁们非常勇敢，团结一致对付马蜂。就在卢卡斯快要被马蜂捉到时，卢卡斯看见地上有一个鞭炮，他用玻璃对着太阳点燃了鞭炮，鞭炮的响声吓跑了马蜂们。卢卡斯用自己的聪明帮助了蚂蚁们，使得蚂蚁们不再讨厌他，也使他获得了自信，后来勇敢地帮助蚂蚁，同灭虫公司的人作斗争。所以，班主任应有意识地把一些班级工作交给自卑的孩子做，使学生经过一定的努力即可获得成功，并及时给予鼓励和肯定。其他教师和家长也应对他们取得的进步和成功，及时给予鼓励和肯定。适当的赞美是滋润自信心的雨露，是培养和巩固学生自信心的利器。

最后，善于发现并利用他们的“一己之长”。当他们有自卑心理时，要让他们相信“天生我材必有用”，自己一定可以在某方面很出色。而事实也正是这样，每个学生都有一己之长，有的虽然成绩落后，但品德上往往有可贵之处；有的虽然纪律散漫，却可能是运动健将、文艺能手。对此，我们要能善于发现，并给他们创造施展才华的机会让他们意识到“己长”的存在，自己并非一无是处，这样他们就会逐步克服自卑，增强自信，走向成功。

感恩有你一路相随

湖北省当阳市东门小学　徐艳霞

有一种生活，只有经历才能知道艰辛；有一种艰辛，只有体验才能尝到快乐；有一种快乐，只有感受才能领悟纯粹。这是我22年从教经历的诠释吗？不，我觉得它更像是我20年班主任工作最真实的写照。说句心里话，我感谢领导们给了我一次次锻炼的机会；我感谢孩子们陪着我一路成长；我感谢家长们的理解和包容；我幸运生命中有这样一段美好的历程。

第一阶段：我要当班主任，可“白天不懂夜的黑”

1995年7月，中等师范毕业的我被分配到了干溪中学。这是一所偏僻的山村初级中学，因学校差老师，我和4个师专毕业的学生被安排到了这所学校。

因为我年仅19岁，身材娇小，圆圆的脸蛋，笑起来更像一个孩子，校长看到我时，似乎满脸的不乐意，估摸我这个样子怎么管得住初中的孩子呢？那时的我也只比初一的孩子大五六岁。

最后，校长安排我带一个初一(现在的七年级)语文和几个班的音乐。与此相对的是，其他一起来的老师都当了班主任。

当时，我心里还挺不舒服的，觉得校长真是瞧不起人。于是，本来就憋着一股劲的我，在教学上干得就更卖力了。一个学期下来，我的语文教学工作有声有色，还帮学校、干溪镇政府策划和组织了几次大型的文艺活动。

慢慢的，校领导和老师们对我的看法有些改变了，碰巧我们班

的班主任被学校安排从事校本课程开发和实际操作的工作。机会来了，我就主动向领导申请当班主任，理由如下：第一，我很熟悉这班孩子，可以直接上手开展工作；第二，我很喜欢这班孩子，他们和我在这一学期里相处得很融洽；第三，我很想当班主任，请领导给我这个机会。

看我当时如此不知天高地厚，领导无奈地摇摇头说："有你哭鼻子的时候！"

就这样，我要来了一个班主任头衔，开始了我的班主任生涯。初生牛犊不怕虎，当时我就想：我要好好对待同学们，天天守着他们，关心他们的冷暖，要做他们最贴心的"姐姐老师"。

记得有一个女孩叫吴梦颖，是个孤儿，在年迈的爷爷奶奶的照顾下长大，胆小、自卑，连走路都是那样小心翼翼。一次，我在去学校林荫道上，发现她在前边不远处，后面有几个女孩指指点点，我加快脚步，看到她裤子上有点点血迹，我快速走上前，搂住她的肩，说："走，上老师的寝室去，老师有话对你说。"我尽量用自己大半的身体遮掩她的下半身，到了寝室，我让她换上我的衣服，并给她一些卫生棉，并告诉她："吴梦颖，你已经真正长大了，不要害怕，以后每个月都会有这几天，这几天特别要注意不受凉，不淋雨，不要剧烈运动，有事一定要跟老师说。”孩子哭了，我把她搂在怀里。

还记得有一天晚上我去查寝，听到我的脚步声，几个男同学急忙往口里扒了几口饭，涨得满脸通红。时值深秋，看着孩子们碗里冰冷的饭菜，我的鼻子一酸，强忍住泪水说：“每个人都不许吃啦!”孩子们惊奇地望着我，“把碗迅速端下去放在我寝室的窗台上，然后在旁边站好”。查完寝，我打燃煤气灶，把一碗碗的饭菜热了一下，并端出了我晚饭时的饭菜，对他们说：“来，尝尝老师的手艺!”几个高大的男生竟不知如何是好……

后来，郭猛在日记中写道：“那是我平生第一次吃老师做的菜，竟是那样熟悉，那样的爽口，熟悉地像家中饭桌上的菜，爽口得像妈妈的手艺。”我自我感觉孩子们的心和我贴得很近，很近，可事实并非如此。

时间一长，我就察觉到不对劲：孩子们看见我就像看见了什么似的，虽然行为表现上很乖，但好像就是做做样子给我看。终于有一次，他们爆发了，班干部集体辞职。我一问原因，他们居然说：“老师，您把我们看管得太严了，简直就像管犯人一样。”“还有，只要值日教师扣我们班级的分，您就一定会唠唠叨叨好几天，好像是我们所有人的错一样。”“还有，您总是偏向成绩好的学生，好像他们永远不会犯错一样”……

孩子们不满的言语满天飞来。那一刻，我真的想哭，也十分委屈：原来我这么辛苦的付出是孩子们不需要的或者说大多数孩子不需要的。

那时，我还不明白班主任真正的职责和作用，究竟是孩子们“白天不懂夜的黑”，还是我不懂呢?原来，从头到尾，我只在做领导、老师心目中行为规范的班主任。

我完全背离了与学生站在一起的初衷。

第二阶段：立志当好班主任，就“依着葫芦画出瓢”

在哪儿跌倒就在哪儿爬起来，1998 年 3 月，得知魏书生老师要到宜昌来作报告，我自费前往，中途转三次车，行程一百多公里。那次没有白去，我突然明白了“一个班级就是一个家，要做到人人有事做，事事有人做”。

2003 年 8 月，我又主动要求到省城参加“农村骨干教师培训”，在武汉一待就是一个月。那次我又明白：班主任管理是一门很深的学问，而不仅仅是只靠一份盲目的、母鸡似的爱心。

2013 年 12 月，我参加(国培)湖北省优秀班主任短期培训，学到了一些接地气的做法。课余时间，我阅读窦桂梅老师的《中国著名班主任德育思想录》、李镇西老师的《爱心与教育》《走进心灵》、张万祥老师的《班主任工作创新艺术 100 招》、郑学志老师的《班主任工作招招鲜》、(意大利)德·亚米契斯的《爱的教育》、(苏)苏霍姆林斯基的《给教师的建议》等，慢慢地，我有了一些底气，于是我在自己的班级里模仿实施“班长轮流制”。我和孩子们一起拟定活动目的、活动口号，一起定班级公约和班级管理方针。

1. 活动目的

“同心、同行、同乐、同成长”是我们活动的初衷，我们要将“受教育者”变成“自我教育者”。要把管、卡、压变成教、导、启；真正做到有话大家说，有事大家做；人人有事做，事事有人管；我管人人，人人管我。

2. 活动口号

“你当、我当、大家当；你行、我行、大家行！”

3. 班级公约

序号	要点	细　　则
1	进校	穿戴整洁重仪表，备齐用品准时到；见到老师问声好，做到文明有礼貌
2	早读	勤奋好学争分秒，贵在自觉效率高；语数外语同重要，书声琅琅氛围好

续表

序号	要点	细　　则
3	做操	出操整队快静齐，动作规范做好操；天天锻炼身体好，学习要好靠身体
4	上课	铃声一响进教室，专心听讲勤思考；积极举手勇发言，尊敬师长听教导
5	课间	课间休息不吵闹，下课书本准备好；勤俭节约爱公物，遵循公德很重要
6	学习	各门功课要学好，遵守纪律最重要；预习复习要自觉，环环相扣才生效
7	纪律	迟到早退缺课旷课咱不会，打架骂人脏话绰号咱不做
8	卫生	个人卫生很重要，公共卫生也要搞；奇装异服咱不穿，长甲长发咱不留
9	礼仪	相逢互相点头笑，礼貌待人问声好；需人帮助要说“请”，离开不能少“再见”
10	离校	室内室外勤打扫，按时离校关门窗；过马路先看后行，安全法规记心中
11	课外	不进网吧打游戏，管好自己争最好；博览群书厚储备，兴趣广泛交益友

4. 班级管理八字方针

“勤”：工作勤奋，深入了解。“细”：管理细致，认真观察。

“活”：主动灵活，友好和睦。“严”：严格把关，一丝不苟。

“爱”：关爱同学，服务周到。“实”：工作务实，注重实效。

“善”：善于总结，不断完善。“范”：示范带头，做出表率。

一切就绪，我和孩子们跌跌撞撞地实践起来，以前有班干部经历的孩子很顺利，没有班干部经历的孩子显得不知所措，几分欣喜，几分担心，几分恐惧，更有十分认真，我们一起分享一下孩子们的“班长日志”。

今天我当“官”

同学们，你听说过班长轮流当的新鲜事吗？我可只见过卫生轮流搞，执勤轮流做，还从来没有听说过班长也有轮流当的！这次我却大开了眼界。这不，五年级一开始，我们的徐老师就对大家说：“从这学期开始，我们班的‘班长’要同学们轮流当。”我一听到这件新鲜事就高兴了起来，平时都是别人管我，现在好了，我终于可以管大家了。后来我一想着急了，我平时成绩不好，纪律也不太好，如果我真当了班长，怎么去管别人呢？我既担心又盼望。

在一天天的等待中，这一天终于来了。那天，我怀着激动的心情早早地来到学校，改掉了以往懒散的习惯，认真地带着大家早读，管好纪律。但在这一天里我也遇到了一些困难，如别人不听我管的时候，我不知道该怎样做才好。想到平时我也这样，别人同样也会难过，只有自己管好自己。当看到上课时有人不专心听讲，我心里很急；当看到有的同学不讲卫生、乱丢垃圾，我赶忙跑过去把垃圾捡起来，听见有人骂丑话，我走过去对他说：“不要骂丑话！”

放学了，大家都回家了，我要检查卫生，还要关窗、关灯、锁门，最后我才拖着疲惫的身体回家。到家后，我想到今天的工作还没完呢，还要利用晚上的时间认真写“班长”日志。

一天下来，我的嗓子哑了，我跟妈妈说：“今天真是苦、累、难，班长这个‘官’不好当。”好操心啊！我暗暗下决心，一定要管住自己。

第二天早自习，当我念完“班长”记录时，看到老师赞许的目光，大家给予的表扬，我深深难忘，高兴地笑了。

我盼望着下一轮赶快来到，我相信下一轮我会表现得更出色。

看到孩子们有体验了，有收获了，我心里像喝蜜一样甜，坚定地按自己的想法做下去，我比以前更忙了，因为我想让每个孩子都经历这样的过程：我要当班长→我学当班长→我争当班长→我会当班长。而作为老师的我虽然只是一个策划者→参与者→倾听者→引导者，但背后的付出是艰辛的。

一学期下来，我发现有经验的同学把班级工作搞得井然有序，即使是那些从来没有当过班干部的同学，工作起来也是井井有条，胆小的也毫不逊色地来进行管理。同学们的激情一天比一天高，效果一天比一天好。

我还在班级做了一些反馈调查：

序号	问题	是	一般	否
1	孩子的自觉性很高	92%	8%	
2	孩子的积极性、主动性很高	90%	10%	
3	孩子的上进心、责任心很强	89%	11%	
4	孩子的自信心很强	98%	2%	
5	孩子有发现问题、分析问题、解决问题的能力	90%	8%	2%
6	孩子的集体观念、群体意识较强	91%	8%	1%
7	孩子有正确的是非观和明辨是非的能力	89%	10%	1%
8	孩子有较好的学习习惯	90%	8%	2%
9	孩子有较好的行为习惯	85%	10%	5%
10	孩子善于表现自我，性格开朗	92%	7%	1%
11	孩子关心他人，敢于同不良行为作斗争	87%	10%	3%
12	孩子的劳动观念强	98%	2%	

从上面的表中，我们不难发现，学生通过参与班级管理，动口、动手、动脑、观察、协调、组织、社交、归纳、总结、独立管理等综合能力得到进一步提升。责任心、上进心、自信心、时间观念增强了，学习的积极性、主动性得到很大提高，培养了他们发现问题、分析问题、解决问题的能力，增强了班级的凝聚力、群体意识、竞争意识、创新意识和团队精神。

“班长轮流制”这项有意义的活动在我们班如火如荼地进行着，但如何安排“班长轮流制”，怎样去评价“班长轮流制”，我还在探索。除此之外，我还在尝试“班干部轮流制”、“班干部小组式”，并将一直探究下去，带出一批批更加优秀的“小班长”“小班主任”。我要像经营家庭一样经营班级，像呵护生命一样呵护学生的心灵。投身其中，享受其中，就会收获满满的惊喜和感动，此时的我就是最幸福的班主任。

再给他一次机会

湖北省当阳市东门小学　徐艳霞

熟悉的下课铃声响起，学生们纷纷将作文本交到讲桌上。小 M 最后一个交上来，然后转身离开，我习惯性地翻开作业本一看，竟然一个字也没有写。我的火气一下子升腾起来："你交个空本子做什么？"他嘀咕了一句："不会写。"说完就斜着眼睛望向别处，手还插在裤袋里，哪有学生的样子？分明是"挑衅"！

昨天才刚找他谈了话，不是说得好好的吗？怎么才一天就不管用了呢？正准备教训一下他，突然发现台下的学生都齐刷刷地看着我，眼神里流露出不可捉摸的意味。

不行，得忍住！稍微冷静了一下，思索片刻，忽然想到一个办法，于是，我带着商量的语气说："同学们，老师想耽搁你们几分钟的时间，假如你们是老师，面对这样的学生，你们会怎么教育他？或者，你们想让老师怎么教育他呢？大家拿出纸和笔，把想法写出来！"孩子们有的觉得挺新鲜，有的却似乎不大乐意……

不一会儿，孩子们把"惩罚方案"交了上来。我一看，不禁打了个寒战！那都是些什么想法呀：老师，您狠狠地给他两个耳光；老师您让他罚抄《小学生守则》50 遍；老师您让他站着上一个星期的课……谁让孩子们这样残忍？没有一丝一毫的爱心，那可是与他们朝夕相处的同学呀！我有些后悔了，学生是老师的一面镜子，从镜子中，我仿佛看到了自己，心里很不是滋味。

我继续翻阅着，一张不大的纸突然吸引了我的注意力，纸条上的字迹很秀气，写得满满的。我仔细地从头看到尾，顿时豁然开朗，抬头看看孩子们，与他们目光相对，他们也在等待我的决定。我微笑着说："同学们，谢谢你们给老师的建议，老师从中挑选了一个最好的办法，下面我们让小 M 同学自己来念一念。”小 M 极不情愿地靠近讲台，接过我手中的那张纸，两眼迅速扫过那张纸条上的字，眼里慢慢闪过一丝不易觉察的变化。他念的声音不大，但足以让同学们听见：“老师，您再给他一次机会吧，其实他挺聪明的……在小学三年级作文竞赛时，他还获过奖呢！我想让您再相信他一次，好吗？”小 M 在念纸条时，我看着孩子们，努力地想在他们中间寻找着什么，是在找写纸条的孩子吗？是想看看孩子们的反应吗？是，又好像不全是。

终于念完了，我走到小 M 跟前，轻轻地拍拍他的肩膀说：“这是老师和同学们最想对你说的话，我们会永远记住你的优秀，哪怕只有那么一次，或者两次。我希望你能牢牢记住，落实到行动上！回位吧。”他低下头，默默地走到座位跟前站着。我示意让他坐下来，然后深情地说：“同学们，今天老师特别高兴，因为是你们教会了我什么是宽容，什么才是最好的惩罚，谢谢！今天应该受惩罚的是老师，而不是这位同学。希望同学们都能用一颗博大、宽容的心去容纳别人，这样人与人之间才会多一分理解，多一份关爱，多一份美好！孩子们，你们回寝室睡觉吧！老师一会儿来查寝！”教室里响起热烈的掌声。

我抱着孩子们的作文本走向办公室，长长的走廊，今天好像格外安静，我感觉身后有紧跟的脚步声。我转过身，是小 M，他的头半低着，手里拿着笔和作文本，看到我停下脚步，他也停下脚步，我主动地向他走近一步，开玩笑地说：“难不成你还要交个空作业本呀！”他的脸一下子红了，挺不好意思地挠挠后脑勺：“徐老师，我想请您再给我讲一遍作文该怎么写？还有……还有，我想告诉您我没有写作文的原因。”

“到底是个孩子啊！”我很意外，摸摸孩子的头：“好啊！这才是老师同学心中的小 M 同学嘛！”

来到办公室，我让他坐到我身边，刚准备说明天再写也行的，他却猛地一抬头：“徐老师，我会写！”我这时才意识到，孩子怕是遇到事情了。

“徐老师，我爸妈都外出打工了，平时只有我和奶奶在家，上周我回家，奶奶在田里干活，不小心被镰刀割伤了腿，奶奶走路不方便，一瘸一拐的，我想奶奶了，想回去看看她，也不知道这个时候她吃饭了没？”孩子的声音哽咽了，我的鼻子也酸酸的：“小 M，如果你实在不放心，我们给奶奶打个电话，好吗？”孩子使劲地点点头。

电话接通了。“奶奶，是您吗？您吃晚饭没？您的腿好些没？”电话那头传来一位老人欣慰的声音：“乖孙孙，奶奶吃饭了，腿好多了，不要担心我，在学校听老师的话，好好学习！有你大伯在旁边，没事的啊！乖孙孙。”孩子把电话递给我，小声说道：“徐老师，我能明天再写作文吗？因为我不想就寝迟到，再给班级扣分了。”“当然可以，老师相信你，老师想再给你一次机会！”我激动地说：“我们一起回寝室吧！”

从那以后，我更细心地关注、关心 38 个孩子，提醒他们添加衣物，告诉他们讲卫生，给他们买小零食，捕捉他们细微的变化，允许他们一周里给家里打一次电话，我也联系孩子们的父母，要求他们一周给孩子们打一次电话。

我相信，一个心中充满阳光，装满爱的孩子才能够像小树般茁壮成长！我愿意多播撒阳光给你们，我的孩子们。

教育，是一种温暖的陪伴

湖北省孝感市实验小学　杨虹萍

在别人看来，杨虹萍家境不错，生活安逸，天生一副娇小柔弱的骨架，看起来，是一个十足的被呵护的小女人。不过，完全可以靠家底和脸蛋吃饭的她，却一心扑在了教育工作和研究上，走上了一条充满艰辛和未知的路。

在杨虹萍眼里，所有的孩子都是独具个性的可爱天使，只要给予他们关爱与引导，他们就可以像花儿一样美丽绽放。她说，和一群群独具个性的小天使们携手走过的这22年，是她人生中最华美的岁月。她愿和孩子们一起舒枝展叶，静静开放，一起徜徉在爱的海洋，向往更精彩的远方……

心中有爱，才能为幼小的禾苗播撒阳光

教育的核心是爱，真爱是平等的爱。22年前，对于初到孝感市实验小学的杨虹萍来说，这还是读师范时从课本上学到的教育理论。然而，工作半年后，焦家荣老师和家长的一次谈话触动了杨虹萍对爱的思考。一天放学后，焦家荣和杨虹萍结伴回家，途经校门口时，偶遇学生小华和他的妈妈。焦家荣主动走上前，拉住小华妈妈的手亲切地说，“小华最近在学校的表现不错，上课回答问题积极，课后热心帮助同学……”杨虹萍惊诧不已，小华是个典型的“刺头”，怎么在焦老师的眼里成了一名不可多得的好学生？待小华和妈妈走远后，杨虹萍迫不及待地道出心中的疑惑。焦老师语重心长地说：“每个孩子都是一块待雕琢的璞玉，教师全部的工作就是爱，真心的爱，平等的爱。”杨虹萍似懂非懂地点点头，但那一

刻，她隐约感觉出，焦老师德高望重，正源于这种至真至纯的爱。带着焦老师的真爱教育前行，杨虹萍面对自己的学生，总能多一份欣赏，少一点苛求。

“调皮鬼”小杰至今令杨虹萍难忘，他个头小小的，长得眉清目秀，上课时最多只能坐五分钟，曾一度被家长怀疑得了多动症。就是这样一个学生，曾多次令杨虹萍动容。一天放学站路队时，天下着蒙蒙细雨，杨虹萍双手举着班牌站在队伍前面，不一会，打着雨伞的小杰来到杨虹萍旁边，踮起脚尖把雨伞举到杨虹萍的头顶上。杨虹萍笑着说不用照顾老师，小杰却一本正经地说，“杨老师，您不能被雨淋，淋雨后，您会感冒的，感冒了，您的咽喉炎就会复发了。”孩子几句天真无邪的话，直击杨虹萍的心灵，她瞬间眼眶湿润。

在孩子成长的过程中，教师到底扮演什么角色？她似乎找到了答案：简单的喜欢，最长远；平凡的陪伴，最温暖。好的教育，应该让每个孩子都能够发现自己，找到自己，成为自己。但在这之前，老师心中要有温暖和热爱，修炼好自己的心，学会包容、理解乃至爱，一旦老师拥有这些品质，就有发现学生的慧眼和拥抱学生的胸怀，就如同阳光雨露，源源不断地滋养那些正在成长中的幼苗。

搭建舞台，为孩子培育肥沃的土壤

用爱心呵护每一个学生就能够做一个好老师了吗？杨虹萍关于教育的思索从来没有止境。她很快找到了答案：我们可以为每一株禾苗送去阳光，可是禾苗不见得能茁壮成长。教育不应该是简单地播撒阳光，还应该为孩子的成长提供肥沃的土壤。

为此，杨虹萍开始阅读阿德勒、杜威、李希贵……最终，她懂得了把“班级还给学生”，知晓了“活动是教育最核心的手段”。于是，她开始了创建幸福班级实践，力求为孩子们搭建更广阔的平台——

她改变了班级管理的金字塔结构，通过班会民主商议，全班68位小主人组成了5个委员会：学习、文艺、体育、组织和科技委员会，推行以学生的自我约束为基础、自我激励和自我管理为手段、自我评价为途径、自我发展为目标的班级工作模式，构建属于教师、孩子和家长们的幸福班级。在幸福班级里，人人都是好学上进、自信大方、乐于分享、服务班级的小主人。

不仅从管理入手，她还尝试建立自己的幸福课程。“感恩、分享、自信、成长”是她幸福课程的指南，以节日为主线，以亲子感恩为主题。如今，她的节日课程已逐渐成熟：

母亲节时，每位同学为母亲准备一份“爱的献礼”。一向马马虎虎的小强用自己的零花钱为妈妈买了一包红枣，因为妈妈瘦弱贫血；调皮可爱的源源送护手霜给妈妈，因为妈妈是护士……各位妈妈表示收到这些别样的礼物后，为孩子的成长和懂事感到欣喜。不用说，幸福班级里的家庭幸福指数大大提升。

感恩节之夜，她借来学校大会议室，隆重地举行了幸福班级家校联谊会。当孩子们把一封封感恩书信当众启封，伴着音乐读给父母老师听，并双手呈送到父母面前时，浓浓的亲情又让幸福紧紧萦绕在班级里。

她把每年的亲子节日固定下来，开展形式多样内涵丰富的节日活动，还有圣诞节、植树节、三八节、元旦等。

为了开阔孩子们的视野，丰富班本课程，她又特意开设了“幸福父母讲堂”——“我的老爸最棒”“最美妈妈进课堂”等系列班本课程。

“我的老爸最棒”邀请交警爸爸讲系列交通安全常识，在水厂工作的爸爸讲江河泥浆水如何过滤净化成自来水，这些课程让同学们领略了一把父亲的风采。不用说，学生对自己父亲的好感程度大大提升，父亲的形象瞬间高大了许多。

“最美妈妈进课堂”活动中，妈妈们带来了精彩的绘本故事和礼物，和孩子一起献上相声表演……不同的表演，同样的精彩。每次活动，杨虹萍都用相机把这些经典瞬间一一定格，事后把它们发给家长和全班同学，再现那一幕幕，美好成为永恒，永远贮存心底。

系列班本课程，增进了师生之间、学生与学生之间、家长和孩子之间的情感，丰富了教育内涵，同时也升华了杨虹萍对教育的理解和认同。

不愿停歇，蓄足能量“修未来”

从教22年，杨虹萍珍惜每一次评比竞赛的机会，多篇论文案例在各级评比中获奖，执教的语文优质课在市级、省级乃至国家级竞赛中屡获佳绩。她还获得过“孝感市最佳人民满意教师”“孝感市五一劳动奖章”“湖北省语文优秀教师”“湖北省基础教科研之星”“湖北省十大新锐班主任”“湖北省青年教学能手”等诸多令人艳羡的荣誉。但，她不想“步入晚年”“走向衰败”。

她发现了在“活动德育”“班本课程”等之外更广阔的世界。一个处于管理阶段的老师永远无法理解，只要活动充分了就不需要管理；一个把活动组织得很好的班主任也很难理解“草在结它的子，风在摇它的叶，我们就这么站着，什么都不说，就十分美好”的境界。原来，在她的世界之上，还有更高更远的世界。于是，立足现在，她愿意去修未来。

她开始阅读《第 3 选择》，开始阅读《翻转式学习》《与大数据同行》，开始阅读维果茨基、华生，她开始阅读人本主义哲学、道家经典著作……

在不断的阅读中，她渐渐明白了班主任工作的最终指向——为孩子的可持续发展服务。这就需要聚焦课堂，这就需要班主任思考前置性学习的优化、组合以至深度、宽度和量度等一系列问题。在不断的阅读中，“什么才是真正的自主学习？”“如何在班级生态变革的基础上让自主学习自发？”“什么是合作学习？”“如何让合作学习变得有效以及如何让合作学习和课堂上的合作结合？”等等一系列的问题开始逐渐跳入她的脑海。

她一如既往地忙碌着，又是如此幸福。因为她在不断地寻觅之中，找到了新的方向，而且相信这个方向代表着教育的未来。当然，这也是她的未来。

还有什么比站在今天的台阶上展望未来，并且可以展望到未来更幸福的事情吗？

没有！

所以，她现在搁置已收获的所有荣誉，开始修未来。

幸而为师

湖北省宜昌市第一中学　杨　念

从2013年毕业至今工作近5年，都说这5年是教师迅速成长的黄金时期，这5年于我而言，无论是教师职业归属感，还是个人心理成熟度我都有了比较深刻的认识。这5年我成熟了很多，收获了很多，始终记着我们不愿听却非常受用的话：吃“苦”是福！

初登讲台，从不情愿到渐入佳境

2013年毕业时，因免费师范生政策，最后我还是极不情愿地回到自己家乡从教，被分到一所当地普通高中。当知道自己所分配的学校时，内心很失落，很不甘。想着自己小学、初中、高中就读的学校都是市里省里的重点学校，大学各方面成绩表现也都非常突出，自己反而来到一所之前从未听说过的普通高中工作，感觉真是可笑，天意弄人。这种极大的落差，加之自己内心的自负，导致我刚开始工作时的心理状态极差，总是后悔当初为什么不违约去外省，总是抱怨毕业时的想法太简单幼稚，真是每一分每一秒都想辞职。当校领导告知我要担任数学教学工作时，我再次抓狂，我的专业是物理呀！迫于无奈，家里也一再疏导做工作，而且学校急缺数学教师，初来乍到，我只能接受，咬咬牙，心里坚定地说这5年我必定换工作。

第一年教学工作表现不错，数学组的老师给予了我很多帮助和认可，对我自信心的塑造很有帮助，和学生相处也非常好，深受学生喜爱，让我也尝到初为教师的幸福感。虽然是教数学，即便当时心里极不情愿，但不得不承认数学严谨的推理对我今后的物理教学

工作还是提供了很大帮助，对高中数学和物理的知识联系也有了清晰认识。

2014 年暑假，回到母校进行在职研究生学习，这 20 多天的学习忙碌而又充实，我有非常难得的机会进行调整，跟导师说了我的工作情况后，导师还是建议我找机会转到物理教学工作。

回到工作单位后，跟校领导说了我的想法，希望学校能考虑我的发展，让我从事物理教学。8 月底在教职工开学大会时，我被任命为高一年级班主任，担任两个班数学教师，听到这个消息时，我很绝望、很无助，本来就不想教数学，现在又担任班主任，想到“班主任”这一名词，都让人心惊胆战。没过两天，教学校长喊我去办公室，跟我说有个新的教学安排：现在新进一个年轻数学老师，你把其中一个数学班给她，你再接手一个高一物理班，怎么样？我听到让我教物理，我有些兴奋，有种天无绝人之路的感觉。冷静之后，想着教一个班数学兼班主任工作，教另一个班物理，我真的能做好吗？中途又临时接了高二数学几个月，但是我也管不了那么多，学校这样安排，我就试试吧！

第一次当班主任，又面临着两个学科的教学任务，说实话现在想起来都不知道当时怎么扛下的。

最费心的还是班主任工作。

当时，那个班是文科班(学校从高一开始就根据学生意愿分了文理)，50多名学生中就有47名女生。

女生天性敏感，容易通过流言蜚语制造事端引发矛盾，上半学期处理了几起女生矛盾，也是听多了她们鸡毛蒜皮的小事，每次听完缘由都哭笑不得、无法理解。然而，正是这些看着不起眼的小事，矛盾误会步步加深。

我刚刚开始处理起来也感到很烦闷，但是通过双方坦诚地说出问题，我作为中间调解人，公平公正、不偏不倚，就事论事，最终大事化小、小事化了。

当然，这种治标的方法实在太笨拙。于是，下半学期，我开始寻找如何“治本”。

只能是从提升她们本身的素养开始。于是，我开始利用晚上读报时间和她们分享有价值、有实际意义的文章，教她们如何做人。每次推荐相关书籍，放假来后，就看到班上学生传阅这些书，这大概就是潜在的教育吧！跟她们分享过一句话：“假话全不说，真话不全说”。如果能做到，就说明她们首先是个明辨是非的人，知道事情的真假。然后“假话全不说”表面她们有节操、有操守，诚实守信。最后“真话不全说”表面她们有智商，有情商，知道什么话该说，什么不该说。

通过人文教育、情感教育，几个原先脾气急躁，性格过激的女生这学期进步很大，为人明显变得谦逊，班上学生也反映，通过这一学年他们懂得如何调整自己的情绪、包容他人，为人处世方面进步很大。看着她们的成长，我自己也甚感欣慰。

那一年，由于很怕女生之间的关系处理，我狠狠地发过几次火。很难想象，如我一般的性格，会如此爆发。但经过那一年，我明白了，孩子毕竟还是孩子，班主任工作也并不可怕，只不过确实费心。

这段时期，我成功地从一名科任教师转换成班主任，班上的学生们都一直在成长着，我很高兴他们都发展得不错，还是依旧青春、阳光！

尽心尽力，收获满满成就感

走上讲台的第三年，经过学校决定，我终于可以完全带物理学科，不过是高一两个物理班，另外还有高二一个物理班。

虽然跨着年级，但毕竟不是之前跨学科还兼班主任，同时这次学校把高一最好的理科班让我带，我内心还是很激动。

这一年，我把所有的精力都投入教学工作，很顺心舒适。作为教师，我的想法很简单，就是教好自己的学科，让学生能从我这里收获知识，收获为人处世的成长，那我就非常满足了。

到了期末，学生们非常争气，都考得非常好，这让我体会到了教书的成就感。每一次我都精心准备着课堂，上完一堂课后，收获的常常是喜悦，就像是把自己的一部优秀作品充分展现给了学生，十分满足。

这一年，我还第一次当主持人，主持了高三成人礼。看着毕业生们手持自己制作的鲜花，昂首挺胸，迈步走过成人礼仪式大门，我内心感慨万千，默默祝福他们高考大捷！

第四年，学校因缺班主任，跟我交谈后，说要我带高一理科班的班主任，并且没有拒绝的可能性，但是带的班我可以自己选择。当时高二两个班和高三一个班我都带得很顺手，学生成绩也很不错，那就注定要舍弃一个年级，思量后，我还是决定带高三的物理。

放弃高二最好的理科班其实很惋惜，但高三这届也是舍不得，和他们建立了深厚感情，看着他们从开始的“浑小子”到体贴细致的“暖男”，所以我非常希望和他们走完最后的高三，一起走上高考战场。

这一年带理科班和最开始带文科班来了个倒置，全班六十多人有五十多个男生。由于招生原因，这五十多个男生几乎就是全区中考成绩排名最后的学生。

了解到这些情况后，我心里惴惴不安，虽然已经到工作的第四年，但毕竟这样一群调皮的男孩子，我还是很怕镇不住他们。

一开始的上半年，我确实花了不少心思，他们虽然成绩不济，学习能力素养不够，但确实很聪明机灵，情商非常不错。我每次看到他们的学习状态就很心疼，一个个都那么聪明，但却由于各方面的原因(主要是家庭教育缺失不当)，他们没有养成良好的学习习惯。

我和他们促膝谈心，知道他们还是很想认真学习，但到高中难度增加，很多知识跟不上，加之自己懒惰，又想玩，很难克服，意志力不够，因而学习状态还是不好。每当他们犯了错误，就会一脸羞愧地主动跟我承认错误，其实也都是一些琐碎小事，但不能总是犯错呀，有时也让我哭笑不得。

这些男生其实没那么顽劣，但是心几乎都不在学校，他们很多人说是家长逼迫来学校读书，自己不想读书，想外出打工学技能。

面对这类学生，我有时也很无奈，大道理谁都懂，跟他们说读书多重要、社会对于他们这么小的年纪不合适等等这些话，其实达不到多好的效果。只能借助家长，结合自己的实际经历，共同去引导，等待他们真正知道自己想要的生活。

于是，鼓励他们假期可以看看外面的世界，做暑期工，自己好好想想到底是要继续读书，吃这三年的苦，还是一无是处，浑浑噩噩，不学无术。

其实，学生始终是学生，他们需要指路明灯，作为他们的领头羊，自己要多宽容、多理解，遇事不能过于急躁，耐心开导，帮助他们拨开迷雾。

终拾初心，主动回归讲台

很快步入2017年，通过考察，我被调入区政府办公室文书科工作。

我满心欢喜，激动万分，终于换了份工作，换了个平台。刚开始时，我很怕弄错文件，也很怕写纪要，内心时常不安，怕做不好，不过同事领导都非常友好和善，给了我极大的包容和帮助，庆幸自己工作上总是遇到温暖的人。

我很快就适应了区政府办公室的工作，工作虽然繁琐，但不再像当老师时那样起早贪黑，没有双休，所以有了半年相对闲适的时光。在区政府办公室工作是开心的，但我总还是放不下我的讲台。

5 月份，学校举行成人礼。我去了学校，当我再次踏上三尺讲台和学生交流的时候，我发现，我更喜欢站在讲台上的自己。

没料想到 7 月份事业单位考试笔试成绩出来时，居然排在第一，通告一周后进行面试。心想笔试都第一了，还是要好好准备面试，不负有心人，面试发挥很稳定，也排第一。我意外地被招考学校录取了。

家人和朋友都不理解我为什么还要去当老师，其实我也喜欢区政府办公室，也下决心要做好公务员的工作。工作本来没有哪个好哪个坏，也许做一名政府工作人员确实比教师更有地位，但我还是不后悔这样的选择，至少我可以通过自己的努力去改变工作环境，我也始终记得我是一名免费师范生，我热爱教师职业。

8 月底，来到了新的城市，新的工作环境，一切都是新的开始。再一次以老师身份回归，再一次担任高一年级班主任，多了份从容自信，多了份坦然。

这半年，班主任工作仍然面临诸多挑战，卓越班主任第二次集中培训学习让我再次充电，通过学习进行自我反思总结，跟孩子们约定我会每周写一篇叙事，写作监督实践，催化思考。

孩子们也非常给力，班干部热心付出，班级氛围和谐融洽，虽然存在不足，但他们的努力表现，他们的成长进步，都带给我莫大欢喜。这半年做了些新的尝试和改变，又遇到了新的同事伙伴，仍然是一群优秀可爱温暖善良的人，真的很庆幸身边总是有如此多美好的人!

接下来的 2018 年，乃至接下来的 5 年甚至更久，不知道自己最终能成为什么样的人，只希望等以后回过头望来时的路时，能像今天一样不觉得遗憾后悔，而且欣慰自己一路坚持没有放弃。

电影《无问西东》最后的独白令人深思："看到和听到的，经常会令你们沮丧，世俗是这样强大，强大到生不出改变它们的念头来。可是如果有机会提前了解了你们的人生，知道青春也不过只有这些日子，不知你们是否还会在意那些世俗希望你们在意的事情，比如占有多少，才更荣耀；拥有什么，才能被爱。等你们长大，你们会因绿芽冒出土地而喜悦，会对初升的朝阳欢呼跳跃，也会给别人善意和温暖。但是却会在赞美别的生命的同时，常常、甚至永远地忘了自己的珍贵。愿你在被打击时，记起你的珍贵，抵抗恶意；愿你在迷茫时，坚信你的珍贵，爱你所爱，行你所行，听从你心，无问西东。”

世俗怎样，并不重要；如何投机，也无须在意。青春短暂，何苦为世俗所累；书生意气，何妨就意气一回！

从美术生到班主任，我俯身学习20年

湖北省武汉市江夏区东湖路学校　张　莉

18岁时，刚刚从黄冈艺术学校毕业的我，扎着小马尾，腼腆地背着画板，来到武钢乌龙泉矿子弟学校，成为一名小学美术老师。20年后，我依然扎着小马尾，素面朝天地走进江夏区东湖路学校，开启一名普通班主任的日常工作。

从青涩的美术生到老练的班主任，我走了20年。

曾经，因为我的稚嫩腼腆，各种质疑扑面而来："小莉啊，你自己都一副毛丫头样，还当老师(班主任)啊?"

现在，不管是学校领导，还是学生家长，都放心地将孩子们交到我手上，纵使我的性格依然内向，与人说话还是像20年前一般容易脸红。

在这20年的许多变与不变间，我对教育事业的热爱愈发浓厚，有些人，天生就该站上讲台，我坚信我是那其中之一。当然，做好一份事业，光靠热情是走不远的，还要淬炼自己的业务能力。迟钝内向如我，在这20年里，只找到一样法宝——学习，不知疲倦地学习。先俯身，后沉浸，然后有所收获，最后，再重新出发。

认了死理，我将在学习这条路上，永不停歇。

对教学纯粹的热爱，让我纯粹地学习着

那年我18岁，从黄冈艺校毕业，就径直回到家乡武汉。

我恋家，因此并不像别的读过书的小姑娘一样，一心向往飞翔。我也喜欢小孩子，除了教书，没有想过做其他的职业。因此，当我毕业被分配到江夏区乌龙泉矿学校(原武钢乌龙泉矿子弟学

校)时，我无比欣喜。

我曾是涂宏国名师工作室旗下弟子。一开始，我是以美术老师的身份站上讲台的。直到2005年，因学校工作的需要，我又改教语文。

从事教学的这二十年来，我多次代表学校，参加省、市、区各类优质课和专业技能比赛，获一、二等奖，受到专家们的好评。多篇论文和作品在省、市、区各类评选中获奖或发表；综合实践活动课——多次代表学校承担了区级公开课，多次代表市区参加省市实践操作大赛并获一、二等奖。

这些年，我所带班的教学质量排在全年级前列，并且都成了学校的标杆班。时常有人问我，你的带班秘诀是什么？其实，哪有什么秘诀，不过是八个字：“俯身学习，充实自己。”

学生永远只会由衷地佩服有“干货”的教师，无论是做科任老师还是班主任，自己没有“干货”，绝对走不远。

记得1996年刚踏上讲台时，既没有教学经验，更谈不上知名度，讲的课清汤寡水，毫无吸引力。好些有门路的家长，纷纷将孩子转到富有教学经验的老教师班上。怎么样才能讲出一节像名师那样激情四溢、轻松自如的课呢？

我一直在思考着，心中一直憋着一股劲儿。

看了许多老师的事例，我深受启发，原来他们的成才之路是一本本书堆砌而成的。

于是，我下定决心要多学习、多读书。我先后读了《给教师的一百条建议》《陶行知教育随笔》《班主任漫谈》等多部教育教学著作和教育刊物。我以苏霍姆林斯基的建议为指导，激发学生的兴趣，发展学生的智力，因材施教。渐渐地，我的课得到了学校领导和老师们的认可，从这些肯定中，我听出了自己的进步。也许是书看得多了，涉猎的面广了，我对教材有了更深的了解，教学方式也有了一定的更新。因此，学校对我也有了信任，并让我承担了市、区级各类公开课。几经寒暑，我开始获得一些成绩，而这些成绩又鼓舞我更加潜心钻研教学理论，苦练教学基本功；几经寒暑，我的教学理论水平和实践能力都有了一定的提高，真正获得了家长和学生的肯定。

纯粹的学习，让我在教学专业上一路高歌，当然，这种学习态度也让我渐渐地在班主任专业成长上受益良多。

从懵懂到深知，我挑战智慧班主任

从教20年，我做了16年班主任。

一开始，我对带班没有什么特别想法，很长一段时间里，带班管班这件事在我的概念里，主要是自己跟自己在玩儿，至多跟学生和家长们一起玩儿。

我把班级，看成我为自己编制的一个烂漫的小世界。我偏安在这个小世界的一隅，不去寻找别的可能。因为我的性格虽然很阳光，但并不善于也不喜欢交际。

因此，我的班级也如同我一样，内敛温馨。那时的我以为，自己能影响这个班的孩子、这个班的家长就足够了，并不需要向外延展。我不张狂，永远有着一名矿山女教师与生俱来的谦卑。

但随着时光的流逝，我慢慢发现，自己真正喜欢上了班主任这项工作，并且乐意把它作为志业来规划。希望在自己不懈的努力下，成长为一名不断实践、反思、科研学习型班主任。

学习是做好班主任工作的首要前提。班主任的首要身份应该是一名“首席学生”，要想当好班主任，首先必须是一个学习者。学习型的班主任如同一面旗帜，必然会打造出学习型的班集体。

我不仅向书本学，还从身边一大批优秀的教师、教研员、专家身上学。也许是我的勤奋和努力、单纯善良，赢得了他们对我的特别的偏爱。他们让我最快地懂得了怎样进行家访，怎样开好班会，怎样做好家校沟通、学生的思想工作……2014 年，我撰写的教育案例《倾情浇灌，让生命之花绚丽绽放》获全国论文评比一等奖和区德育精品案例荣誉，并在《江夏教育》2014 年第 1 期刊登发表。平生第一次看到自己的文字变成铅印字向四处传播，那种喜悦简直无以言表，至今还记忆犹新。那文字里包含着我和我的娃儿们多少动人故事啊！

更加幸运的是，在学校领导的关怀下，我还有了更多外出学习的机会。早在 2007 年暑假，学校派我到华中师范大学参加了武汉市首次骨干班主任培训启动仪式。当时，市教育局副局长田文江在启动大会上一番热情洋溢的讲话，让我对“班主任”这个职业有了新的认识。2012 年 7 月，学校再次派我到武汉参加“武汉市小学骨干班主任培训”学习，班主任刘永存博士的精彩讲座《从经验到实践智慧：教师如何实现专业成长》对“班主任专业提升”做了详尽的诠释，激发了我带班的灵感。2013 年，在上海访问学习时，聆听了华东师范大学李伟胜博士的逻辑推理“天道，酬勤”，天变，道亦变——“天道，酬智”，让我对“做智慧型班主任”又有了一个全新的认识。2016 年 11 月，我有幸参加了湖北省楚天卓越班主任培训第一阶段的学习，熊华生博士以幽默风趣的语言，灵动有趣的问答互动方式，讲述了“专业阅读和反思促班主任智慧成长”，给我们留下了深刻的印象，也为卓越班的学员们指明了班主任专业成长的方向。

那是怎样一种如梦初醒，恍然大悟，醍醐灌顶！我突然懂得了，上天赐予你与众不同的经历和体验，也就是赋予了你责任和义务，让你用你的智慧去帮助和影响你身边的人。我渐渐明白，承认自己在某些方面的优秀也是一种勇敢。努力把这优秀变成为帮助他人的能量，这是更大的修行，也是更深的历练。他们的讲座让我认识到“没有爱就没有教育，赏识每一个学生，拥有花苞心态，育人于细微之处，待生平等……”这些都是通过阅读学习、实践、创新、反思得到的道理。QQ、教育博客、腾讯微博、网络互动平台、电话交流、面谈等无不成为我与学生家长沟通的渠道。我在帮助学生成长的同时，自己也得到了提升，和学生们一同享受学习和成长的快乐。

学以致用，如何把学来的东西内化为素质、外化为行动？如何使自己在教育生活中实现班主任专业成长？我想，刘永存博士阐述的“学习+实践+反思+创新=专业成长”应该是精髓。著名的教育家杜威先生曾经说过，“教育”要从培养一个完整的人出发，即要关注儿童的全面发展。教育即生活，教育即生长，现如今我国正大力倡导素质教育，为了让我班孩子得到全面的发展，2016—2017年，我在参加湖北省卓越班主任培训学习归来时，兴致高涨，便在班级中尝试着实践创新，进行改革。

吸纳新知识，在班级进行改革

从2017年11月底开始，我班便开始实施了有趣的亲子互动作业，每天设计一个主题让孩子以他们喜欢的方式去完成。在寒假里还开展了主题为“我的寒假我做主”的一系列活动，孩子们走出家门和大自然亲密接触，有不少家长还为孩子做了美篇。

在寒假里，我完成了这一学期20周的亲子作业设计，和上一学期亲子作业相比，这一学期的作业设计更加专业化、系统化，从孩子的生活出发，记载一系列发生在他们身边的故事。新学期开学前2周进行收心、调整，引导孩子准备进入学习状态。后面18周分为6大主题——关注自然、关注动物、关注陌生人、关注朋友、关注家人、关注自己，平均每3周完成一个主题活动，意在引导孩子由远及近，从关注自然环境到关注自己。

这学期的关注自己主要是重新认识自己，也评估一下长期坚持完成亲子作业的效果。围绕6大主题，每周一个小主题，每天的活动设计依据来自加德纳的多元智能理论，每天的作业都不同，分别促进孩子的语言、数理逻辑、空间、身体运动、音乐、人际、内省、自然探索等八大智能的发展。学期亲子作业设计还包括节气、季节、节日等因素，特定的日子进行相关的活动设计。每次的亲子作业都由家长和孩子共同完成，然后上传到群，最后对孩子们的作业进行整理。

当然，在这一过程中也遇到过很多困难。比如有的家长由于自己的工作性质问题，不能每天都陪孩子做作业；或者有的家长觉得自己水平不够，不能和孩子一起完成；有的孩子觉得作业难度有点大，不知道如何实施等等。但是经过交流和沟通，孩子们没有了抵触情绪；家长也认识到亲子作业对于了解孩子，增进亲子感情的重要性。经过几周的调整和沟通，大多数家长和孩子养成了每天做亲子作业的习惯。在期末做的一个亲子作业反馈中，大多数家长对亲子作业做出了积极的反馈。在他们的反馈中，我了解到他们对于教育孩子有了新的见解，并从父母的角度更加关注孩子的点点滴滴，不再是仅仅围绕“学习成绩”这一主题来督促孩子、监督孩子。在亲子作业中，他们更加了解孩子，例如孩子的性格、爱好、习惯等。同样，有的家长在作业中反思自己，认识到之前对孩子的关心太少，以后一定会在孩子的教育以及成长方面多多关心。在孩子们的反馈中我了解到大多数的孩子既收获了知识，例如，他们都谈到自己在手工、画画、写话等方面有了提高，又增进了自己和父母的感情，例如，他们和爸爸妈妈现在不仅是父母与子女的关系而且是朋友关系，并表示自己会坚持做亲子作业。通过有趣的亲子作业，我收获颇丰。

作为班主任，当看到孩子们能在父母的关怀下快乐地成长我感到很欣慰；通过亲子作业，班上的孩子更加了解彼此，加强了班级凝集力。家长们在和孩子做亲子作业的过程中更加了解孩子，和孩子能够更好地沟通；并且通过亲子作业他们看到孩子在不断地成长。从家长的反馈中我可以看到作为孩子的家长能每天陪孩子一起成长，对于他们来说是最值得骄傲的事情。

对于我班的孩子来说，通过每天的亲子作业，他们都觉得自己长大了。许多孩子在反馈中提到自己尝试了以前不敢做的事，例如和陌生人讲话、合影等，又如在手工、画画、唱歌等方面都有了大的突破，更重要的是他们每天和爸爸妈妈待在一起的时间变多了，和爸爸妈妈能够很好地沟通，也懂得了父母的辛苦，并表示以后会好好学习。还有更重要的一点，就是孩子们通过每天坚持做亲子作业，懂得了“坚持”的重要性，我想这是他们以后的人生发展过程中很重要的一个因素。

虽然在亲子作业的提出、实施等过程中遇到过许多困难，但这是我在执教生涯中的一次大突破。我从一个人的自生长，走向了带领我们班级一群人(全体家长和孩子们)共生长。我打破了常规的应试教育的教学方法，从关注孩子的身心发展转变为现如今大力倡导素质教育。从整体的、人的角度来引导孩子们一步步地成长，我想这应该是教育所必须体现的。这是一个很有意义的活动，我将会联合我班家长一起，长期地开展下去。

从一名任课教师到一名班主任，从只教美术到教语文和综合实践活动课，再到同时教语文和美术，这 20 年来，我总是不断地迎接挑战，不停地调整自己学习的方向。正是因为这些新的挑战和我追求教育完美的进取心，成了我勤奋学习、发奋进取的不竭动力。而不懈的学习又让我品尝到教育教学的乐趣和进步，这种乐趣和进步又促使我更加努力地学习。

教室里的温暖在延续

湖北省随县均川中心学校　支咏梅

第一阶段：服从安排、认真落实

第一次当班主任，是在2000年。那是我上班的第二年。

我是1999年8月走上教师岗位的，当时是在一所乡中心小学带五年级语文。一年后，我来到了毕业分配的新单位，就是现在工作的镇中，带八年级(那时叫初二)语文兼班主任。

报到时，学校已经开学一周多，一个老师刚好调走，我就接手了他带的那个班。那时的我青春懵懂，还带着乡村教师的土气，就那样一头扎进了那个班级。很多年以后，关于那届学生的许多记忆已经模糊，但我犹记得初进教室时70多个孩子洪亮的“老师好”的声音，似乎那声音已镌入了记忆。

那其实是一帮很聪明很有灵气的孩子，因为没有带班经历，和他们年龄差距不大，我基本是和他们玩成了一片。我们一起上课、下课，也一起去郊游、野炊，还一起参加学校的拔河之类的比赛。

上学期，我带的班的语文竟然稀里糊涂地考了年级第一。但是下学期，别的班在中途都插入了初三留级的学生，并挤占优生份额，不懂带班套路的我，既没收到一个插班生，又不懂作为班主任需要协助科任老师管理每一个学科，让学生均衡发展，最终综合算起来，我们班的总成绩退后了。

之后第二年，因为学生多，师资不足，学校开始设置语数教师带双班，年轻老师基本代双班了，我就不再担任班主任，开始了四年的带双班时光。

对于第一年带班，回想起来，我并没有额外要去做什么事情的意识，完全懵懵懂懂，基本是听从学校安排，按学校指示来管理的，也就是努力完成了学校的工作任务。

可以说，我完全不知道作为一个班主任，需要什么样的基本素质。我没有探究，也没有特别地去学习，只是把班主任工作当成我需要攻克的一个小山头，纵然我还没看清楚那个山头长着什么模样，就匆匆而过。

第二阶段：亲力亲为、尽心尽力

再次担任班主任，是2005年，那时我上班有五六年，教学也算是熟手了。因为怀孕生子，之前两年我没有担任班主任，所以是等到孩子一岁多才继续担任班主任工作。

从2005年到2011年期间，我是典型的“班妈”型班主任。到班早，跟班勤，工作事无巨细。我想，也许直到此刻，庞大的班主任大军中，一定还有像我当初那样当班主任的老师。那样，工作是做好了，班级纪律是不错，成绩也突出，可是，累啊！

其实累还不是触动我的真正原因。真正使我反思并决意改变的是一个偶发事件。那一年，我在学校领导的安排下，赴江苏宜兴实验中学观摩学习王俊校长所推行的“两类结构教学法”。因为行程提前到周日出发，我没来得及和学生及科任老师作必要的交代就出发了。为期一周的听课、交流、观摩，让我收获颇丰，然而当我带着行囊从宜兴归来，却发现班级发生了不少的违纪事件，让我始料不及，后来我写了一篇反思稿《好老师要学会放手》，此稿基本可以体现曾经的我管理班级走过的历程。

以下摘录部分文字：

因为我们提前出发，我基本没来得及向学生有什么交代，加之我班上所有的任课老师都住在校外，得知老班出差一周，学生胆子大了起来。他们翻墙上网，结果是去网吧的路上就被校长发现了遣送回来。翻墙上网被发现而且是校长发现，情况严重了，这是他们事先没去料想的。“唉！等着被开除吧！”他们想。

于是后面犯的所有错误都是从这一想法上衍生出来的。既然总要被开除，我还在乎什么呢？于是一个孩子捡了一张饭卡也不上交了，在班上说我不读书了，自己卡里的钱请客，不明就里又好吃的其他孩子也就拿卡去刷了，有几位同学就是这样做了刷卡帮凶。而且他们还从别班弄来了一副扑克上自习打，对英语老师的制止与管理视如未见。

在我离开的这一周里，学生会有一些放松，不能自觉地主动学习这些是难免的。但是发生这么严重的违纪情况真的让我始料未及。导致他们做出这些行为的原因，有的可能是错误的想法加之错误的行为，结果只能是错上加错；有的则是真相不明、是非不辨就盲目追随。在处理学生的同时我也陷入了深思：造成今日之局面，到底是谁之过？

诚然，现在的孩子叛逆，想法偏激，喜欢上网，青春年少不计后果，留守孩子的家庭教育的缺失，这些都可以成为孩子犯错的原因。那么，作为一位教育者与班主任的我，有没有责任？我也可以说没有，因为学校承诺过会对班级管理和课程做出妥善安排，无须我操心；因为我已经给任课老师和课代表留了备忘卡；因为事情都是在我不在学校期间发生的；因为……我可以找许多理由开脱自己。

是吗？

从学生的随记里，我读出了他们对违纪生表现的愤慨，读出了他们对自我表现的剖析，读出了对真实违纪状况的描述，还有对班主任回来的期盼。毕竟，违纪的就那几个孩子，还是有许多孩子是渴望有好的学习环境的。一位同学说，老师不在，我明显放松了对自己的要求，学习没那么用心了。群龙不可无首，我们不可无你。还有一位说，上周老班出差了，在与她相处近两年的日子里，她好像从来没有在上学期间离开我们那么久。每当我偷玩时，总会情不自禁地看一看老班在不在她的窗边看着我们；每次看不到的时候心里总会有一种失落，然后才会想起来——老班出差了。老班出差了，我是那么不习惯，每当吃完饭回教室时看不到她那熟悉的身影，心里就空落落的。一个参与翻墙的成绩优异的男孩说，老师，你对我们很好，但也管得很严，我父母管我也很严，都说网吧好，我从未去过，所以你不在校我就想跟别人去看看，你要在校我是绝对不敢去的，结果网吧还是没去成，想想真是后悔。

……

我很感动，原来我在与他们相处近两年的时间里已让一些孩子对我产生了依赖。我是好老师吗？

我是负责的，两年来，我几乎每天早上都会早早去教室跟班，每晚去寝室查寝，白天还会去教室督促检查其他日常工作；对教学工作也不懈怠。

我是细心的，每周都让学生写随记，解决一些实际问题。随时关注学生心理动态。

我是有爱心的，学生冷了，我拿来家里御寒的毛衣棉袄；天气热了，我上街给他们买蚊香；学生病了，我给家长打电话让其接回家治疗，父母不在家的留守孩子，我自己上街给他们买药。

我是有耐心的，班上几个爱违纪的孩子，我经常找他们聊天，谈学习也谈为人处世、孝顺父母、懂得感恩……

这样我就是一个好老师了？是不是我平时对孩子们包办太多，才使他们对我形成了一种潜意识的依赖，没有了我的存在，他们才会不知所措、为所欲为？我记得在杂志上看到，母狐狸会把小狐狸赶出巢穴，老鹰会把学飞的小鹰推下悬崖，学游泳要下到水里，学开车要到驾驶室亲自操作。如果我从七年级接手这个班开始，就着力培养学生的自学自律意识和自主管理能力，也许今日这些事情就不会发生了。只有真正放手才会形成学生的自学和自律意识，才会使他们独立成长。

祸福相依，如果能从一次教训中收获一些有益的启示，也是一种收获。无论是课堂教学还是班级管理，都要逐步放手让学生自己参与进来，亲自去体验，他们才会逐渐成长。是鹰，让它搏击长空；是鱼，让它遨游深海。少一些包办，多一些放手，孩子的人生，让他独立地走。好老师，要懂得放手。

这是2011年春天的事情了，也就是发生这件事后，我开始思考并开展班级学生自主管理的实践与探索。所以，这算是班级自主管理探索的缘起。

第三阶段：探索创新、自主管理

还是在2011年，我县开始动员各校践行新教育实验。我在新教育实验理念引领下，开始摸着石头过河，做了我校新教育实验的先行者，也开始了班级自主管理的探索。

自主管理，强调的是学生的主体地位，也就是充分调动学生的积极性和主动性来协助教师管理班级，既锻炼学生的能力，又把教师从繁重琐碎的事务中解放出来。我曾尝试过不同的班级管理方式，比较并加以改进。

通过几年尝试，我逐步建立、修正和健全了班级管理制度。

首先，我确定了班级管理核心理念：以逐步健全的班级管理制度达成学生自主管理体系，以丰富多彩的班级活动锻炼培养学生自主管理能力。

其次，在班级管理中践行班级管理制度。目前我尝试过的班级管理制度有：

(1)班务承包制度：这是直接借鉴魏书生老师的方法，好的方法推而广之。

(2)卫生值周制度：按卫生区域每组包片包干一周，三个组轮换。

(3)就寝日报制度：每日清晨男女寝室长汇报头天寝室卫生和纪律状况，我就不用固定每天查寝，只需打打游击，无规律偶尔巡查。

(4)常务班委和轮值班委制度：设置常务班委分管班级各项常规事务，每人分管一些固定工作，由竞职演讲后投票产生。除一般班级都有的常务班委，还有几个特殊职位，其中学生班主任具有除签学生请假出入条以外班主任的一切权力，可以代替我管理班级，参加班主任会议，分配工作，召开班委会，安排值日班长处理学校临时性工作。班级秘书负责协助值周班长策划班级一切活动，拟订方案、安排主持、开展活动、接待家长、照相摄影、收集档案等(这个初期需要培训才可以胜任)。

设置轮换的值周班长和值日班长，值周班长基本由常务班委代表担任，值日班长则全班轮流，人人出马。

(5)值周值日班长制度：每周一位值周班长，每日一位值日班长，值日班长由值周班长管理监督。

(6)周激励会制度：每周召开周激励会，当周值周班长策划、主持、总结工作，下周值周班长提出工作目标，接手工作。

(7)班级规约与小组量化评比：全班约定班规，划分学习小组，开展小组竞争。

(8)学科周周清(科代表负责公示当周学习任务单，督促各组当周完成各科背诵及书面作业)等。

经过以上改革，班级许多工作就不需要我亲力亲为了，虽然初期培训需要一些精力，但一旦学生的积极性被激发出来，班级各项工作就会逐渐走入有序的轨道。

一些我从前每天需要跟班的时间段，现在我只是走进教室就比较有序了：早饭后值日班长已经检查好卫生，在讲桌前跟班督促早读了；午饭后值日班长已经在组织做好学习准备的学生静静练字了。即使值日班长有的渎了职，还有值周班长或学生班主任提醒和管理。

印象最深的几件事，一是每年春季开学，其他班班主任还在亲力亲为为学生报名，我们班的工作专班一字排开，有的负责收寒假作业，有的负责接待家长回答家长询问，有的负责签学生奶回执单，有的负责回收成绩单和寒假致家长一封信，还有的收第一周生活费等，而我就只需负责和难得回家的留守生家长聊天。还有就是现在我出短差根本不担心班上没人管事。记得 2017 年 11 月我到武汉参加一周的卓五第一次集中培训，在此期间恰逢学校进行足球操验收比赛。我班从动作训练、入场队形、入场口号、班级风貌方面全部由班委会策划，结果竟获得评委老师一致好评，获得七年级组第一名，我回去那一天，他们还给我准备了惊喜，每个人自制贺卡给我写了留言。

除了班务管理的改革，我还从班级文化建设方面进行了尝试。自 2012 年起，我尝试和学生商议给班级取名字。2013 年秋，我接手七年级新班，第一次把我们的班名取为“四叶草班”，四叶草的花语是“幸福”，取新教育倡导的“让师生过一种幸福完整的教育生活”之意，根据班名，我和同学们商议，确定了我们的班训、班徽、班歌、班级理念、班级规约、班级价值观、班级愿景等。有了班名，班级文化、班级课程、班级活动都是围绕它的内涵进行构建的。

朱永新教授说，教室是一根扁担，一头挑着课程，一头挑着生命。为了在我的教室编织班级故事，我们开展了一系列班级活动，例如“生日庆典”“读书交流会”“千里书信一线牵”“最美同学评比”“每月一电影”“纸盘画”“班级种植”“经典诵读”“班级听写大赛”等，一些固定的活动逐渐成为我们的班级课程。

而今，第一届四叶草的学子已经走进了高中，我用班级空间的照片、说说、日志记录他们成长的点滴，我要为他们留存青春的记忆，我要创立一个属于我的学生的精神家园。我对学生说，我有一个美丽的梦，我希望，我为他们留存的青春记忆，会让他们在初中毕业、高中毕业、大学毕业后，恋爱、结婚后，有孩子后，甚至老了后，只要愿意，就可以和生命中重要的人一起走进去寻找与回忆他们的曾经；我希望，我的往届四叶草的学子们，可以在成长到一定阶段后，为他们的学弟学妹留下或给予一些什么，例如书籍，成长的故事，创业的经历等等。

而实际上，截至现在，他们已经为下届的弟弟妹妹们留下了礼物，这几年，我的班级得到了一些领导、好友、家长的支持：他们为我们捐助了书籍、体育用品、彩色打印纸等等。这些，正被我现在的学生们继续使用着。

新教育的行动理念是“只要行动就有收获，只要坚持就有奇迹”。这几年来，我的带班理念发生了改变，我的教育生活也发生了改变。我这种改变里感受到教育生命的充实与幸福。

教室里的温暖故事，还在延续，还会延续，不管未来怎样，我相信，我的梦想会实现。因为“幸福”是我们每一个人最大的梦想！

谁动了教室里的花儿

湖北省随县均川中心学校　支咏梅

早餐后跟班，刚走到教室门口，燕子跑来对我说，不知是谁摘了她的仙人掌花。

我一看，还真是，原来开花的枝头，只剩下一个秃秃的花蒂，花朵却不知去向。这盆仙人掌只有两个掌，从四月底开始各吐出一个蕾，等了一个多月，直到这个星期一才开花，黄黄的花儿很是好看，好多没见过仙人掌花的孩子惊叹："原来仙人掌也能开花，还开出这么美丽的花。"花期没几天，昨天下午有一朵谢了，缩在枝头。只剩了另一朵，今天却被摘下来了，好可惜！

我示意大家停下来，问有谁摘了，可是没有一个人吱声。这时候，班级秘书英子站起来说："老师，不只是仙人掌花没了，还有放在外窗台的栀子花老是被别的班的孩子摸来摸去，还有教室里的花，有的男生拿着喷水壶天天浇水，可是有的花不能天天浇水，花儿都受不了了。"燕子说："对啊，我的仙人掌一个月浇一次水都可以，可是花盆天天都是湿的。"思思说："我的盆景上有一个指甲壳印，不知是谁留下的……"孩子们叽叽喳喳地汇报着，我不禁想起这几个月在教室养花的历程来。

春天来了，我让孩子们每人带一盆植物来，可以买花盆，也可以自己动手做。可以是花，也可以是草，还可以是种子。孩子们纷纷响应，我还请人为我们做了专门放足球和花盆的花架。于是，两个星期左右，教室里就多了绿意。洋洋带来个大花盆，还专门弄了一大盆三叶草种在里面。我让他们自己去侍弄那些花儿，最好是自己带的自己养。两个多月来，教室里有的花开了，有的花谢了，有的种子发芽了，有的草儿长高了。孩子们观察着，等待着，盼望

着。几个热心的男生会每天把一些花盆早上搬出去，晚上搬进来，精心呵护着他们。尤其是玉玉种下的花生种子、月如早就吐蕾的栀子花和燕子的仙人掌花，更是备受关注，每天都会有人专门去看看它们。

看着有人操心，我也就没过多关注这件事儿。当初让他们带花盆，只是想为教室增添一些生机，为课余生活增加一些情趣。现在看来，显然是有的同学关注过度了，倒给花儿本身和它们的主人造成了困扰。

看看时间，离上第一节课还有几分钟，我决定先不去调查到底是谁摘了或无意弄断了燕子的花儿，而是给他们讲了一个故事。这是在暑假的一次追梦新教育分享会上一位老师讲的一个故事：一个小男孩从水盆中捞起一条鱼，并亲吻了它。这位老师问我们从这个故事里可以感受到什么，大家纷纷发言。

有人说，因为鱼本身是一条亲吻鱼。

有人说，因为小男孩想感受和鱼亲吻是什么感觉。

有人说，因为鱼嘴太可爱了。

也有人说，男孩很纯真，也很有爱心，热爱像他一样的生命。

最后，讲故事的老师说，小男孩爱这条鱼，用自己的方式表达了他的爱，可是，鱼喜欢吗？

讲完故事，我问学生："你们说呢？"孩子们说："鱼儿当然不喜欢男孩以这样的方式来表达对它的喜欢。"

我说："是啊，鱼本来生活在水里，让它离开赖以生存的水，近乎窒息地和别人亲吻，鱼喜欢吗？鱼快乐吗？那么我们教室的花呢？大家喜欢它们，呵护他们，对于那些不能接受天天浇水的花儿来说，你们有没有想过？花喜欢吗？花快乐吗？所以，关爱是一种美德，用别人接受的方式表达关爱却是一种能力。爱的前提是尊重，对鱼如此，对花儿如此，对人同样是如此。"

孩子们如有所悟，一个男孩子此时站了起来，不好意思地告诉我说，是他准备扫清洁区时，扫帚不小心绊掉了燕子的花，没好意思说。原来如此，一场风波就这样结束了。孩子们却因此有了另一番收获。

每个生命都是珍贵的，我们关爱他们，也要尊重他们的生长规律，用正确的方式表达我们的关爱。同学们也是如此，性格有差别，成绩有高低，能力有差异，我们也要互相关爱。每个生命都是一个不朽的传奇，每个孩子都是含苞待放的花骨朵，都有自己的花期，最终都会在自己的季节里绽放，都会散发自己迷人的芳香。

孩子们，学会爱，学会尊重，学会善待，用心去看，用耳倾听，一定会在不同的季节里收获到沁人心脾的馨香，每个生命也都能活出自己的精彩。

时刻站在学生的角度想问题

湖北省武汉市黄陂第一中学　郑先端

“她不是定时炸弹”

智慧是您那光亮的头脑，智慧是您那坚强的臂膀，智慧是您那交心的话语，智慧是您那信任的眼神。我们以您为师，积极播种人生。

——武汉市黄陂一中盘龙校区高三(2)班　罗成

对大家熟知的“管理”一词，郑先端有独到见解：“管”这个字，生硬，冷冰冰的，缺少人情味。人，生性不喜欢被“管”，所以小孩喜欢说：“不要你管。”而“理”字就非常好。如果我们对某小孩说，“我不理你”，他就会产生一种被轻视被遗弃的感觉，甚至会伤心得大哭起来。任何人都不愿意享受“不理”的待遇，而希望像明星一样，有众多的粉丝“理”，因为这个“理”，有尊重、看得起、亲近的意思。

郑先端根据自己对教育和“管理”一词的理解，提炼出了班级管理的理念，即人性化管理——把学生当作“人”看待，心存“不管”的理念，秉持“不管”的立场，让人性自由地舒展、发展，理人、理事。理人，就是高度尊重学生。理事，就是科学民主地进行班级管理。

小芳(化名)，是郑先端带过的一名女生，个子不高，有一点胖，她和哥哥同上高中，家庭经济条件差，有时甚至捉襟见肘、顾此失彼。她以为父母重男轻女，偏爱哥哥而不爱自己。在班级元旦

晚会上，她流露出："我没有一个朋友，我不愿与人交往，孤独与我相伴。"

有一天，小芳一激动，竟然在寝室里割腕自残。郑先端第一时间把小芳送到医院包扎伤口，当天安顿好后又赶到她家里，与她父母一起分析她的心理状况、商量应对策略。两天后，小芳的父母带女儿到中南医院检查，医生确诊断为"神经征候症"，建议休学治疗。但小芳不同意，她要回学校上学。一时间，她父母不知如何是好，转而把求助的目光投向了班主任郑先端。

"这孩子本来就有问题，如果不想办法帮帮她，老是这么偏激走极端可不得了。"郑先端再三考虑，最后还是同意了小芳父母的请求：让女儿一边读书一边治疗。同事好意提醒他，小芳是一颗定时炸弹，随时都有"爆炸"的危险。郑先端默不作声，心里喃喃自语："她是我的一名学生，怎么会是一颗定时炸弹呢？"

郑先端虽然同意小芳回学校上课，但他也着实捏了一把汗，心里始终忐忑不安，万一她有个"三长两短"，自己包括学校都会是"自找苦吃"啊！于是，郑先端制订了一系列的"旁敲侧击计划"，用师生的爱温暖小芳潮湿的心。为了给小芳创造更多接触同学、和同学交流的机会，郑先端有意识地开展户外集体活动，将分组的权力交给小芳，并鼓励她担任小组长，让她在与同学的互帮互助中感受同学之情的真诚与可贵，感受班级这个大家庭的包容与温暖。

一天，郑先端布置了一篇以《金钱与人生》为主题的作文。醉翁之意不在酒，他想通过这次作文了解小芳的心理活动。小芳作文表达的观点是“人生没有金钱是不行的，没有金钱的人生是黯淡的人生”。郑先端的心情很沉重，他组织学生分小组讨论，然后重新构思，再以《金钱与人生》为主题作文。第二次，小芳对“金钱与人生”的认识有了变化，她在作文中写道：“在人的一生中，如何对待金钱，是很有学问的。有的人，借助金钱充实人生，使自己为社会做出更大贡献；有的人，却挥霍金钱游戏人生，在浑浑噩噩中虚度光阴。”“李白‘天生我才必有用，千金散尽还复来’，可见他利用金钱成就了事业。为了‘才’，他可千金散尽。为了铸造有价值的人生，我们不应把金钱看得太重，不应为金钱而失去了真情。”读了小芳的作文，郑先端心中的石头慢慢落地，因为小芳心里的阴霾在慢慢散开。

教学《为了忘却的记念》时，郑先端特意请小芳分析冯铿女士的形象。小芳振振有词地说：“冯铿女士‘体质是弱的，也并不美丽’，但她是一个热情奔放、满腹才华、意志坚强、可敬可爱的革命青年。”郑先端进一步引导：“一个人美不美，外表不是关键，有的人有着美丽的外表而灵魂肮脏，这种人外表愈美愈可恶；有的人虽然外表不美丽，但知书达理，气度非凡，赢得了人们的尊敬与爱戴。”后来，小芳在一篇文章中写道：“成长的经历告诉我们，我们不能左右天气，但可以改变心情；我们不能改变容貌，但可以展示笑容；我们不能控制他人，但可以把握自己。所以，学会快乐成长，才会更加美丽。”

在学完《我与地坛》这篇文章后，郑先端组织学生讨论“生与死”的问题。没想到，小芳同学主动阐述自己的见解：“过去，我总以为自己是世界上最轻最贱最倒霉的人，所以，稍有不如意不顺心，我就会想到死。今天，读了史铁生的文章，听了同学们的发言，我豁然开朗。世界上最有力量的人，是那些能战胜自我的人。无论什么人，无论遭遇怎样的不幸，都不能自寻短见，要珍爱生命，生命是父母给的，我们无权糟践。”至此，郑先端心头的磐石终于落地，小芳这颗所谓的定时炸弹“转危为安”。

“独门秘籍都是学来的”

> 您总是一脸灿烂，好像任何问题在您面前都微不足道，都难不倒您；课堂上，您有精辟的讲解，更有恰到好处的勉励；您有时也沉默不语，留下足够多的时间让我们独立思考。那场险胜的篮球赛，那次班级垫底的运动会，那节精彩的主题班会，那年惨淡的期末考试，那些欢笑、泪水、失落和期待，构成了您陪我们一起走过的难忘的青春岁月。
>
> ——武汉市黄陂一中盘龙校区高三(2)班　梅萌

少年不识愁滋味，成长难免多烦忧。郑先端认为，当今的中学生，他们的快乐都是相似的，他们的烦忧却各不相同。

郑先端匠心独具，在教室里设立“忘忧角”，鼓励同学们把自己的烦恼和忧愁从心里“移”出来。刚开始，受烦忧困扰的学生心存顾虑，不愿意将自己的烦忧暴露在同学们面前。郑先端率先将自己的烦忧写出来，展示在学生面前——“定格”在忘忧角里。他告诉同学们，烦忧不是青春期的孩子们所特有的，成长难免多烦忧，包括老师在内的所有人，都会有各种各样的烦恼和忧愁。

慢慢地，同学们也勇敢地把自己的烦忧晒出来。小小的忘忧角，作用却不可小觑，学生在书写自己的烦忧时，心中的烦忧会不知不觉地“挥发”掉。马宝同学笑呵呵地说：“郑老师为我们设立的忘忧角，其实就是一个坏情绪的‘转换器’，大家在诉说自己烦恼与忧愁的同时，也正是他们宣泄不良情绪之时。”郑先端通过忘忧角了解学生的内心世界，然后有针对性地给予疏导和帮助，使积极情绪始终占据他们生活中的主角位置。

除开忘忧角，郑先端还有许多了解和排解学生烦忧的“独门秘籍”。“宋光祥，老师请你吃牛肉面。”“罗成，陪老师打乒乓球去！”一碗牛肉面、一局乒乓球赛，向学生传递着丰富的信息，比如要注意饮食安全和营养，要加强体育锻炼等，同时，通过学生吃面、打乒乓球时的“吃相”、“玩相”，了解学生真实的内心世界。

郑先端经常利用节假日，带他的学生到大余湾、木兰天池等黄陂周边的风景名胜区游玩，促使学生放飞心情，在减压的同时感受生活的美好。

梅萌同学感冒了，她径直去校医务室输液，没想到，吊瓶还没挂上，郑老师就赶过来看望她。这样的一些细节，常常让郑先端的学生感念不已。郑先端一脸朴实地说：“这些孩子在学校住读，父母不在身边，他们遇到什么事了，老师去看看，关心一下，是理所应该的事情。再说，老师在为人处世上做学生的表率，绝对胜过千言万语的口头说教。何乐而不为呢？”

同学们都觉得郑老师“可爱、亲切”，“他说教不多，喜欢和同学们一起跑步、打乒乓球，总能第一时间发现并化解我们的不良情绪”。

一位年轻班主任向郑先端请教：“做班主任很累，你却非常轻松，游刃有余，你有什么独门秘籍呀？这种功力是如何练出来的？”

郑先端风趣地说：“哪有什么独门秘籍？即使有所谓的独门秘籍，也不是练出来的，是借来的。向专家借，向书本学。”

黄陂一中的老师们说：“与郑先端老师一起共事非常轻松，他好学勤奋，能干谦虚，有名气但从不装腔作势。”高三(5)班班主任邬传伟十分钦佩郑先端的为人和工作能力，“在区里集体阅卷，作为大哥级的郑老师，总是为他人着想，热情地为其他老师服务；高二升高三后学生调整寝室，这对班主任来说可是个老大难问题，郑老师却直接交给学生处理，2个小时即轻松搞定。”

为了提高管理水平，郑先端积极参与中央教科所心理课题的实验研究工作，同时，他还参加了华中师范大学研究生班的学习。从2005年开始，郑先端连续五年被湖北省教育厅特聘为“农村教师素质提高工程”培训教师，主讲班主任工作与留守学生教育课程。

“我不想拆散你们”

您从我们心里走出来，将失落和彷徨抽离我们的脑海；您又走回我们心里去，把激情和梦想播撒在我们心间。您让我们懂得，放松不放纵，成人才能成才。

——武汉市黄陂一中盘龙校区高三(2)班　宋光祥

2008年，郑先端作为武汉市优秀班主任代表，被市教育局安排到法国学习考察。法国之行的许多画面，常常在他眼前浮现。在卢浮宫前，一对青年男女看见一位盲人老太婆用拐杖敲打地面，男青年把女友的手一甩，奔向老太婆，搀扶着老太婆过马路，女友也心领神会地走过去，搀扶着老太婆……许多画面，虽然只是街头的见闻，却改变着郑先端的教育思想，影响着郑先端此后的教育教学行为。他认为，教育是培养合格的现代公民，而不是培养“高分低能的应试者”。

有了这样的认识，郑先端即使担任高三班主任，他也时刻关注学生的持续发展，习惯于引导学生思考：如何做一个合格公民？多年来，他所教的语文学科，作业少，练习少，他从不强迫学生做大量的作业和练习。他说，学生的语文素养不是练出来的。

2012年元月12日，《瀚耕轩》文学社在黄陂一中盘龙校区破土而出。郑先端在卷首语中写道：家不在大，有爱则温；居不在阔，有情则馨。《瀚耕轩》好一个美好的家园！这里没有硝烟与战火，有的是和平鸽自由飞翔的天空；这里没有抛弃与绝望，有的是相互间的欣赏与尊重；这里没有冷漠与隔阂，有的是血浓于水的血脉深情。这里有闪光的智慧，有真挚的情谊，有家园的温馨……《瀚耕轩》恰如路边供人小憩的茶水凉亭，或许就是行路之人临时的家园——一个值得付出能够小憩的精神家园。

有一次，郑先端要求学生写一篇作文，下课时，严俊同学交来的是三个“难”字和六个“感叹号”。“严俊天资聪颖，他这么做，肯定另有原因。”郑先端不露声色，既没有批评他，更没有讲大道理，而是微笑着拍了拍严俊的肩头，以真诚赏识的眼光对他说：“你意识到难，说明你比别人想得更深，构思也会更巧妙。我相信你这节课已经把作文构思好了，只是还没来得及形成文字罢了。明天把作文交给我，好吗？”第二天一大早，严俊红着眼睛交了作文。郑先端从早到晚，一年三百六十五天，都是满脸笑容。严俊和同学打赌，本想用三个“难”字激怒郑老师，看看老师的怒容，没想到看到的依然是满面春风。

在谈到学校教育时，郑先端侃侃而谈：“教育需要正能量，学生更需要正能量。如果学生吸收的消极东西太多，将来怎么可能成为一名合格的现代公民呢？青春年华稍纵即逝，可经不起折腾呀！”

学生早恋，是许多高中班主任最头疼的问题之一。然而，郑先端对学生早恋有着自己的应对策略。他经常对身边因学生早恋而一筹莫展的年轻班主任说：“学生早恋，不要大惊小怪，更不要谈‘恋’色变。”

小强(化名)因早恋成绩直线下降。一天晚上，小强向郑老师诉说了自己的苦恼。

郑先端对小强说：“你们到了雨季的年龄，感情问题不可能回避。我不想拆散你们。但我相信你有能力处理这一问题。”

“您的意思是？”小强瞪大眼睛望着郑先端。

郑先端接着说：“你好好想想，想明白了，也就找到了答案。如果想不明白，就试着和不同的女生交往。”

小强的苦恼，惊醒了郑先端。于是，他提议召开主题为《17岁的情书》的班会。郑先端向班干部表明这个意图后，就不闻不问，任由学生自己策划、组织、主持。

《17岁的情书》主题班会如期举行。情景剧真实再现了中学生人际交往的生活场景；辩论赛，几位辩手剖析了少男少女交往的幸福和痛苦；主题班会在《最初的梦想》大合唱中圆满结束。

什么是自我教育？郑先端说，“无为而治”就是自我教育。放手让学生策划、组织主题班会的过程，就是学生自我教育的过程，班会未开始，教育的目的却已提前渗透到了学生的内心。

无论是课内，还是课外，郑先端都向学生传递着正能量，让学生的内心越来越通灵强大。2012 年，郑先端被评为武汉市首届“学生最喜欢的老师”和湖北省第二届十佳班主任。

人们常说，严师出高徒，郑先端则认为是“高徒出名师”。他说，是学生成就了他的人生价值，是学生的“实话实说”让他懂得了教育的真谛——切忌自以为是，要始终站在学生的角度去思考我们的教育和班级管理工作。

最初的风景，最初的心

湖北省武汉市崇仁路小学　钟　媛

2013年暑假，我研究生毕业，经过激烈的思想斗争，从山城重庆卷铺盖“滚”回了老家武汉。一个机缘巧合，我来到了离我初中母校仅一墙之隔的一所小学任教，这里除了拔地而起了几座更高的教学楼之外，一切都还是原来的样子。我的职业生涯也就是从这里开始了。

跟班实习期——以情感人

2013年9月，我正式入职。学校考虑到我非师范专业毕业，安排我先跟着一名怀孕的老师实习。还没有正式走上讲台，我每天的工作除了听课，就是各种打杂。一会帮这个老师改作业，一会又去给那个老师发资料，一会儿帮这个孩子擦鼻涕，一会儿又是给那个孩子抹眼泪的。每天看似没干什么，但一天下来也累得够呛！那时，我的身份更像是一名保姆，保护着那名怀孕的老师，为她分担了不少工作；也保护着她所带班级的孩子们，把这群孩子当宝贝似的呵护着！

幸运的是，我有大量时间和孩子们在一起，学到了不少和他们相处的小技巧，再加上前辈们的指导，我和孩子们相处得非常愉快，常常一下课就被那群小可爱们团团围住：钟老师，帮我把水杯的盖子打开吧！钟老师，你今天的衣服真漂亮！钟老师，这个字怎么读？总之，他们就是有办法不让我离开。我想，正是由于我对孩子们的那份无限的热情和真诚，感染了孩子们，让他们喜欢我，依赖我！

独自实践期——以理服人

一学期后，那名老师回家生宝宝了。我顺理成章地接手了她所在的班级，也正式开始了自己独立带班的历史。

由于这些学生是一年级一进校，我就全程陪伴在身边，所以我对他们应该说是知根知底，他们对我也是相当熟悉。这时候的我，想要继续凭借我的热情和亲和力，吸引着他们，感动着他们，可并没有那么容易。

由于全面接管这个班级，孩子们日常学习、生活中的许多具体问题暴露出来，这个时候的我就不再只是个知心大姐姐了，只是陪着他们玩玩闹闹了，我要开始催促让他们每天规规矩矩坐好，认认真真听课，老老实实写作业。我变得更像是一个唠叨的妈妈，整天向他们提要求，这样的我，孩子们当然不喜欢了，下课也不再围着我问这问那了，有的时候甚至刻意回避我的眼神。

孩子们的疏远已经让我很失落了，这时家长们的不信任就更给了我沉重一击。由于年轻，工作经验不足，家长们对我多少有些微词。这点我非常理解，所以在平时的工作中，我就加倍努力，用自己的认真负责、爱心耐心、谦虚谨慎去赢得他们的信任和支持。我自认做到了，可总有那么几个家长更希望原来的班主任能回来继续在这个班任教，并多次向校长反映情况。

幸运的是，学校领导给予了我极大的支持，成为我坚强的后盾。消沉一段时间后，我立马振作起来，想要用实力去证明自己。

于是，我开展了家长开放日，邀请家长们到学校来和孩子们一起学习、听课，感受一天的校园生活，让他们看看我是如何尽心尽力地在管理这个班级的。不少家长在活动后给我发来了短信表示感谢。随后，我承担了一节重要的公开课，也邀请了部分家长前来听课，我生动活泼的课堂，不仅吸引了孩子们，也赢得了家长们的心！我用自己的实力向他们证明了年轻老师也能上好课。

我还积极参加校内外的活动，在朗诵比赛、征文比赛中也获得了不错的成绩，我想通过这些活动来增加个人魅力。学校也多次提供机会，让我外出学习，在专业上不断提升自己。

总之，那时候的我仿佛变了一个人，曾经面对家长稍显羞涩的我变得自信起来，说话更有底气了，我想是我的“理”改变了他们对我的看法，赢得了他们的信任，这个“理”就是：年轻老师不比有经验的老师差，一样可以教好书！

艰难摸索期——用心育人

一学期后，那位老师结束了产假回到学校，我主动申请调离该班级，并带一届新的一年级新生，毕竟我也想带一个完全全全属于我自己的班级，体验一下当“亲妈”的感觉。

2014 年 9 月，我终于迎来了我自己的宝贝们，他们聪明可爱，活泼向上。由于之前刚刚带完一个一年级，所以现在带他们，无论是上课教学还是班级管理，我都能得心应手了。我没想到，仅仅一年的时间，我就从一个刚刚走出校园，没有任何教学经验的菜鸟，蜕变成能独当一面的年轻教师，这其中有我个人的努力付出，也有学校伙伴们的关心帮助，更有一直默默在我背后的家人们的一半功劳，感谢这些爱我的人们，让我全身心地投入自己的工作中，并渐渐爱上了这份职业。

虽说这个时候的我已经积累了一些经验，但我并不敢有丝毫懈怠，毕竟教师这份工作的责任实在是太大了！这次又是自己“亲生的孩子”，所以我比从前投入了更多的热情和精力，想要把这届孩子带好，争取能和他们一起走完这美丽的六年时光。

我更加用心关爱孩子们了，生怕错过他们成长的每一个瞬间，常常帮他们捕捉一些鲜活的镜头。第一次在学校独立吃饭，第一次早锻炼，第一次打疫苗，第一次戴上红领巾，第一次换牙，好多美好的第一次，都是在我的见证下，我感到无比荣幸。

当然，有些不太好的第一次，也有我的陪伴。一天中午，我班一名孩子午休时从高低床的上层翻落下来，当时身上并无外伤，孩子也没有反映哪里痛，于是生活老师就未向我反映情况。记得那天是周五，每周五我们都要评选本周的优秀之星，这个小男孩也获奖了，当我要求他高高举起奖状拍照时，他的右手难以抬起，当时我并不知情，还要求他再举高一点，只见他难受的表情，额头都冒出了冷汗，我才发现了问题，忙问他怎么了？这时，他才跟我说明情况。我紧急联系了他的家长，先如实反映了孩子的情况，承认了我们工作中的失误，并表示马上把孩子带到学校附近最好的医院治疗。

说实在的，这也是我第一次遇到这样的紧急事件，我也很慌张，很害怕，但我不能让孩子看到我的慌张，他比我更害怕。于是，我在一旁不停地安慰他，没事的，孩子，你最棒！

我带着他来到了外科急诊室，这边都是磕破流血、砸伤之类的病人，看着真叫人瘆得慌，我一边不断地在心里对自己说：“钟媛，你要镇定，镇定”，一边把孩子的头放在我的肩上，护着孩子的眼睛，给他安慰。

其间，我一直和家长保持着联系，告知就诊的每一步近况。终于，孩子的妈妈和奶奶赶来了，奶奶一来情绪颇为激动，抱着孩子，拼命地哭起来，这时候的我，真的是彷徨无助，心中也深深地自责起来。

好在孩子的妈妈还比较理智，一番沟通后，我们达成了共识，先重点关注孩子的治疗情况。这时，诊断结果也出来了，孩子的手肘骨裂，不能保守治疗，必须开刀。家长们刚刚稳定下来的情绪，又有些波动起来。这时，我的内心是如此纠结，不知道怎么面对孩子和家长，可是我清晰地知道最重要的就是把孩子治好。

于是，我马上打电话，多方打听，做这方面手术最有名的专家，经过焦急的等待，终于联系上了一名专家，但这时已经不能做手术了，只能等到第二天。

我想留下来照顾孩子，被家长婉拒，可是这一个晚上，我哪能睡得着啊！第二天一大早，我就带上慰问品，带上书籍去看望孩子，在他进行手术前给他讲了一些要勇敢的故事，和家人一起推着他走进了手术室。又是焦急地等待，一个小时，两个小时，三个小时……终于当孩子被推出来，面无表情地望着我的那一刹那，我忍不住哭起来。难以想象，这么小的孩子在这几个小时里经历了多大的痛苦，就那一个眼神深深刺痛了我。那一刻，我深深地感受到我对这届孩子是真心地疼爱。

手术圆满结束，后期还需要很长时间的康复治疗。我只要一有空就会带上书和营养品去看望孩子，给他补课，陪他阅读和游戏，看着他一天天地康复，眼神中又充满了光芒，我真的太高兴。等孩子完全康复后，我们全班还为他举行了温馨的欢迎仪式。

家长被我为孩子所做的一切感动，常常向我表示感谢。校长也为我的及时处理和后期对孩子的关心表示感谢。其实，我真的觉得自己做得还不够。这届孩子是我自己带的第一届孩子，是我的“亲生孩子”，我想用自己全部的爱用心地培育他们，陪伴着他们，看着他们从稚嫩的小苗，长成参天大树！

稳步前行期——凭智慧人

现在，我的“亲生孩子”们，已经是三年级的小学生了，看着他们一个个从小萝卜头，长得都快和我差不多了，真觉得生长是一件多么奇妙的事情！他们个子长高了，思想也发生了转变，小心思也变多了起来。现在想要再用以前的老套路来忽悠他们可就难了。

所以，更多的是要用智慧去教育他们，让他们也变得更加智慧。

这种智慧，最重要的就体现在情绪的管理上。以前只要班上很吵闹，我就会非常生气地大声呵斥，想用自己的声音压住他们，可是我发现光凭我一个人的声音是盖不住他们55个人的。现在，他们很吵的时候，我一句话都不讲，只静静地盯着大家，很快，孩子们发现我不说话了，他们也安静下来。

这个方法其实很好用。当我们要发火时，请平静一下吧，其实大声的吼叫真的已经威慑不到他们了，还不如换个思路，心平气和地说话，让孩子们感受一下有点“反常”的你，说不定他就不敢反常了。在情绪上的把控和管理，将是我未来努力学习的重点方向。

这种智慧，还体现在教育思路的转变上。以前我总觉得孩子们太小，很多事情是我自己亲自操刀，我总怕他们做不好。比如办黑板报，以前总是我办，期间也尝试过要他们写过几个字，实在不令人满意，就又成了我的事情。

这学期，我下狠心丢给了他们。一开始，他们很热情地画了草稿，找了材料，我觉得很不错，没想到真正上黑板就有点困难了，字写得歪歪扭扭，线也画得不够直，孩子们想要擦掉重新画，我说不必了，画成什么样就什么样。于是，这次黑板报咱们班毫无悬念地没有获得好评。在这一个月中，孩子们每天看到这个有些丑的黑板报，都在问我，钟老师，什么时候可以换黑板报啊？我回答，一个月后。终于，一个月了，孩子们更加认真地准备，还回家练习了写粉笔字，更加有信心地办起了黑板报。虽然字和画还是稍显稚嫩，但已经有了很大进步，真为他们高兴，也为我自己的英明决定点赞，有些时候，适当地放手，才能给孩子一片更广阔的天空。

现在，我的教学风格已经初步形成，管理能力也有了极大提高，一切都向着更好的方向前进着，愿我在未来的工作，变得更智慧，让孩子们变得更聪慧！

这就是我的带班史，一部刚刚开启的史，未来的日子，相信它会越来越丰富，越来越精彩！

我的带班史

湖北省十堰市东风五中　周俊凌

一

1989年，我毕业被分配到东风汽车公司第二中学，开始了我漫长的教书生涯。

至今还记得报到的第一个晚上，我的好朋友陪我安顿好宿舍住下，我一想到以后就要如此无趣且平庸地度过我的职业生涯，不禁悲从中来，那个晚上我久久难以入睡。

因为我从小生在学校长在学校，父母都是老师，父母的朋友大多也是，我对教师这份工作没有多少热情，一切都太熟悉了！就在我自以为一切尽在掌控之中的幻觉中，生活给了我猝不及防的响亮的耳光。当时的东风汽车公司还叫第二汽车制造厂，跟社会上其他单位相比，工资高福利好，被外界戏称为“除了媳妇不发什么都发”，职工子弟就业率百分之百。这跟我的教学工作有关系吗？关系太大了。

在我的经验里，学生大部分是要学习的，一般来说应该是比较尊重老师的。

但我一接班就开始了我至今不愿回顾的痛苦生涯。那会儿我年轻，刚刚20岁，根本就搞不定那帮“猴子”。我带的班级语文成绩不好，我不当班主任的那个班上课纪律特别差……一切都让人绝望，觉得特别难熬，一心只想逃跑。别人羡慕我进了大型国企，哪里知道我内心的煎熬。

不过，现在回想起来，那段时间也不是没有收获。首先，在那段时间里，我跟一些学生一直保持着友谊，这么多年还有着良好的互动。其次，在我手忙脚乱疲于应付的带班生涯中，也有一些闪光的记忆点，比如，在我母亲突然病重我请假不在的情况下，他们格外争气拿了广播操比赛第一名；比如，在他们都考不上普高不上大学只想上职高技校赶快就业挣高工资的大环境下，我的爱徒回上海考上了复旦附中上了很好的大学，那是个很聪明美丽的姑娘。

有了这段经历，我如今特别能体谅年轻老师管不住学生，课堂纪律不好，当然有的年轻老师一上手就很好，那就更难能可贵了。

这是我带班的起始阶段，跌跌撞撞，疲于应付，痛苦比较多。

二

四年后也就是 1993 年，我工作调动，进入东风公司第五中学工作直到今天，我的工作也进入了一个新的阶段。回想起来，和刚上班的时候不可同日而语，我想，这有着时间的沉淀，有着自己的成长，也有着校园文化的熏陶与感染，与同事与学生的良性互动，当然，更有着大时代背景的影响。

进入一个新的工作单位，我适应得很快，生活也变得快乐起来。连着在初三带了几届普通班后，领导通知我："现在提前实现你的梦想，教快班!"这是我们年轻人当时的玩笑话，但当梦想真的实现的那天，我欣喜若狂。

初次接班，是一个初二的快班，班主任退休了，班不太好管。再加上孩子们家庭条件很好，家长要求也比较高，我摸清班级情况就花了很长时间。而且，刚上手，一年后，初三又重新分班了。

这两年里，我跟学生相处得还行，比较有成就感，自己也花了很多时间跟着学生，陪伴着他们。这期间让我印象深刻的有两件事和一个班。

一是女生的小团体，两个女生都是班里的优等生，互相斗法，都跟我诉说对方的不是。她们的母亲在同一个单位工作，都很漂亮也很时尚更是强势，两位母亲互不服气，都是极其要尖儿的。说实话，那时我还处于一定要分出对错的非黑即白的年龄，这个状况让我很困惑。

二是班里针对一个男生的霸凌现象。绝大多数男生都参与了，不断欺负这个男生。被欺负的男生家境好，成绩好，身材高大，而带头欺负人的男生也极其聪明，从小就立志要考清华计算机专业，家境也很好，他俩的母亲也在同一个单位上班，也是两个美丽时尚的女人。

这件事也让我伤透了脑筋，召开主题班队会，找家长，分别找他们的朋友希望他们能影响到这俩孩子，我使出了浑身解数，但是，好像效果不大。我一直追踪这俩孩子的发展，不时听到他们的消息，他们进入重点高中，出国留学，就业，后来都没能实现他们的理想，都成了庸庸碌碌的中年人。尤其是欺负人的那个，他复杂的多面性一直深深地留在我记忆的深处。

给我印象最深的，是出生于 1988 年的那帮孩子，那个一班，如今我们亦师亦友。这是一届五四制的学生，跟他们一起摸爬滚打了四年，孩子们家教良好，家长们很信任老师，我也是充满了热情，非常投入。前一阵子收拾办公室杂物，还翻出来一本班主任手册，里面记得满满的内容，有评优名单，有约谈家长记录，有主题班队会详细的流程和每个同学发言的具体内容。我把它发到我跟他们的微信群里，同学们很激动，这也是他们难忘的珍贵的记忆。

回想起来，有很多的欢笑和幸福的瞬间：

每天下午的自习课，我们背诗，自由创作，举行知识竞赛；

周末，我们经常出去郊游，那个时候胆子也大，自己家一辆车，家长一辆车，再借一个面包车就敢出发，我们的足迹几乎踏遍了十堰周边的小景点；

我还要求他们每天写一篇日记，可以不给我看，但我要知道他们确实写了。

当然，这期间也有难以治愈的伤疤至今还刻在我的心上。有两个特别聪明的男孩，后来一个上了西安交大，一个上了清华，他们各自有各自的性格以及家庭带来的问题，但是我又是不是做到了最好呢？我不敢说，但在那个年纪，我只能做到那样了。从这个班我开始关注学生心理健康的问题，读了两本这方面的书，还写了一篇认识非常粗浅的论文，得了个小小的奖励。

今天回过头来看，我当时最大的问题是“不拿自己当外人”，没有把握好界限问题，分寸感非常欠缺，对待跟自己有点关系的学生，还有本校教师的孩子，生怕别人认为自己不公平，有时处理问题会矫枉过正，用力过猛。其实，这也是一种不公平，对孩子也是一种伤害，年轻的我认识不到而已。

这个阶段我渐渐走进学生内心，赢得家长信任，也赢得了同事和领导的赞赏，我就这样挥洒着汗水，不断付出着，摸索着，总结着，反思着，但是，在今天的我看来，依然是没有长期规划，没有理论指导，被情绪支配着，以物喜以己悲。

这是我的第二阶段，肯下力气，用笨工夫，一个喜忧参半的平凡人。

三

近些年来，随着年龄的增长，阅历的增加，我越来越认识到做班主任工作其实跟生活中的待人接物是一个道理，怎么跟家长打交道，怎么跟孩子打交道，怎么跟同事领导打交道，其实道理是一样的，没有什么不同，因此，在日常事务的处理中，基本没有什么难度，自己感觉比较放松，在这样比较放松的状态下工作，其实更有利于建立跟学生的良好互动，不再会把一点事情无限放大，把一个错误上纲上线，揪着学生没完没了。学生在什么阶段会出现什么问题，应该怎么处理，我都会化矛盾于无形，化戾气为祥和。有时候年轻老师会羡慕、会请教，其实这算什么本事，不过是虚长了几岁而已。

不过，善于从生活中总结历练是一方面，读书学习也是必不可少的。除了心理学、教育学方面的书籍，我认为广博的阅读更有意义，紧跟时代的脉搏也是我们的必修课。不光对学生要进行素质教育，老师也如此，每个人都一样。我们不仅要从学习中找到我们进行教育教学工作的方法论，还应该成为一个具有广博知识的人，一个身心健康的人，用我们自身的修养来言传身教，引导我们的学生健康成长。

但是，这个阶段我的局限性也是显而易见的，我的热情一天天在减退，我的技术越来越纯熟，我的胜负心，我的专注，我的原始冲动却在一点点减退，我自己已经明确感知到这一点。人们常说“不忘初心”，哪有那么容易。因而那些能永葆生活热情的人，那些一直满怀激情工作的人才显得那么宝贵。

写这篇文章的感觉有点奇怪，这是“我的前半生”？可不，我就这样度过了平凡的半辈子了，还有七年的时间我就会退休了，也许到那个时候回味起这些经历来，感觉又会是不一样的吧？

目前我也纠结，班主任工作确实琐碎，占据了大量的时间，使每天的工作时间都碎片化，而且我年纪也大了，完全可以提出来不当班主任了，但有时候还是很享受跟孩子们在一起被他们信任和依赖的感觉。

这是我目前的状态，手艺日渐纯熟，热情渐渐消退。但我会继续去寻找新的可能，尽情享受教育带给我的乐趣。

老师，出大事了

湖北省十堰市东风五中　周俊凌

2016年11月，正在武汉参加卓越班主任培训的我收到了这样的微信："周老师，你们班小宇大闹课堂，简直要失去理智了……"我赶快安抚替我代课的老师，再三道歉说对不起，并表示回去一定会严肃处理。说实话，我并没有觉得有多大事，学生哪有不惹事的。可我马上又收到了小宇爸爸的短信："周老师，对不起，孩子惹了那么大的事太不应该了，都是我们做父母的没教育好，学校怎么处理我们都没意见。我在住院，不能亲自到学校给老师道歉实在不好意思。"这下我有点慌了，多大的事啊？这么吓人？培训一结束，回到学校，我马上找同学们了解情况。

孩子们看到我很开心，寒暄完毕，我问他们小宇的事，他们立马激动起来了："老师，出大事了！"他们七嘴八舌、叽叽喳喳，很快我就知道了事情的大概经过。原来，在体育课上老师批评并处罚了小宇，小宇不服，觉得老师冤枉他了，咽不下这口气，就在接下来的这节语文课上大发脾气，不仅大声表示不满，撅断了自己的笔，还向代课老师挑衅，口出狂言，差点把课桌都掀翻了。我一听，还是挺震惊的，我的印象中这个孩子比较情绪化，有时候爱翻脸，但怎么也不至于到这种地步，也就是说如果我在学校的话我认为这件事是不太可能发生的。那它为什么就发生了呢？我找到小宇，他自己的陈述和同学们说的基本一致。这会儿他早已平静，有点害怕有些惭愧，不过他也在努力掩饰，想表现得不是那么在乎。我明白他知道自己错了，但是错在哪里他不是很清楚，还死要面子，另外，他也很忐忑，不知道我会怎么处置他。

为全面了解这件事情，我找到代课老师当面道歉，老师仔仔细细告诉了我课堂上的情况，好在老师当时非常理智，没有与孩子发生正面冲突，没有进一步激化矛盾，这位老师真是既善良情商又超高。我又找到几位班干部，了解体育课上发生了什么，是不是老师真的冤枉小宇了，四个孩子中三个都表示小宇确实被冤枉了，有一个孩子表示也不能算是太冤枉。我问他们体育老师知不知道后面发生的这一系列事情，所有孩子都说体育老师不知道。体育课上小宇接受了处罚，尽管不情愿，当时并没有与老师有什么不愉快。

接下来该怎么办呢？找家长？这是我最不爱采用的方式，通常问题比较多的学生都是家长或家庭教育有问题的，何况我还了解到小宇爸爸脊椎骨折，躺在医院动不了。我想到在这次学习中专家说的话，不怕孩子们犯错，犯错了才有机会，学生犯错正是教育学生的大好时机。我准备好好利用这个机会。首先，我跟同学们说，小宇犯了错误，我已经知道了，我也帮他跟老师道歉了，现在是我们大家帮助他的时候了，大家想想该怎么帮助他，可以先讨论讨论，然后我们会针对这件事召开主题班队会，我把任务先布置下去了。

班会课开始了，首先我陈述了我了解到的事实，请同学们补充，然后请小宇同学从他的角度叙述那天发生了什么。接着，我问小宇认识到自己错在哪里了吗，他说他不应该跟语文老师发脾气，态度恶劣，影响很不好。我表扬了他请他坐下，又请同学们说说大家认为小宇错在哪里。同学们发言居然很踊跃，有人说他不尊重代课老师；有人说他没有处理好跟体育老师的矛盾，找语文老师撒气；有同学说思品课正在讲当老师误解了你怎么办，他没能解决好这个问题……同学们的发言真诚有理，没有落井下石也没有做老好人和稀泥，孩子们在这个过程中表现出来的东西真是让我由衷地高兴，我观察到小宇的表情也很能接受同学们的意见。该我了，同学们看着我呢，我说，其一，小宇在认为体育老师冤枉了他的情况下仍然接受了处罚，没有马上跟老师起争执冲突，很好，但是如果心里并不认可应该去找老师解释化解；其二，如果没有跟男体育老师起冲突只是因为惧怕，然后到代课的女语文老师课堂上发飙，那就属于欺软怕硬，这点很恶劣；其三，我们人类之所以要受教育，就是要学会控制情绪，一个文明的人就应该是一个善于控制情绪的人，一个人在公共场合、课堂上，大喊大叫发泄情绪是很无礼很没有教养的表现，更是无视校纪校规的表现；其四，当老师试图制止他的时候他还冲老师叫嚣“我就是比你强”，真正的强者是不用这样大声叫喊的，人们自然会感受到他的强大。这里谁才强大？那位被挑衅的老师才强大！面对这样失去理智的学生，她能心平气和，这才是强大！最后一个问题，接下来该怎么办？孩子们都很清楚，道歉认错。小宇表示同意老师的分析，接受同学们的帮助，会真诚地跟代课老师道歉。到这里就结束了吗？我问同学们从这件事里收获了什么，他们纷纷发言。我问他们这件事就处理到这里可以吗，有的同学说可以了，有的说“啊？就这样？”，对呀，就这样！当事人受到教育，同学们也因此提高了认识，还想怎样？

事后，我了解到小宇同学的家庭情况后，更是认为这样处理是对的。原来他的父母离异，他一直跟爸爸生活，那一阵子他爸爸生病住院，是他爸爸的女友在管他的生活。他一直对这位女士破坏了他家庭的完整耿耿于怀，因此每天心里都很不舒服，作为未成年人又无能为力，过了几天他妈妈从深圳回来照顾他，他那种发自内心的喜悦真是让人高兴又伤感。

我想，每个孩子都会有各种各样的问题，他们犯错误的时候正是我们应该关心他们的时候。一味地处罚并不能解决问题，只要我们运用恰当，学生犯错误也是对他们进行教育的最好时机。我认为我的这次教育实践把“大事”化小，效果还是不错的。

一个“绵羊型”的班主任的蜕变

湖北省襄阳市保康县中等职业技术学校　杨绪兵

作为一名乡村教师，我在班主任这个岗位上已经干了近二十年了。悄然回首，这近二十年的班主任生活的点点滴滴，像一幕幕电影，不仅串起了一条“痛苦—纠结—挣扎—坦然”的心路历程，也让我感受到了班主任工作的魅力，感受到了和学生在一起生活的丰盈，感受到了生命成长的真实。

性格温和的老师能否当好班主任？

我是一个性格温和的人。在办公室的老师们印象中，我就是一只温顺的小绵羊。他们从没见过我高声大嗓地说话，也从没见过我阴着脸训斥学生。我并不觉得这有什么不好，但是有人却并不这么看，而是据此对我心怀疑虑：一个性格柔弱的老师怎么能管住学生，又怎么能当好班主任呢？

记得十七年前，我就遇到了这样的困扰。那时，我刚刚大学毕业回到家乡的一所农村高中报道。校长问我今后有什么打算，我说当老师就是要和学生在一起才有意思，我想当班主任。校长听后一番鼓励，但是却没有批准我当班主任。熟悉之后，校长解释说“担心我温文尔雅的样子管不住学生”。就这样，想当班主任却求而不得，成了我心里的一块伤疤。走在校园里，总觉得自己低人一等。

这样的情景一直持续了两年。在我工作的第三个年头，情况发生了变化。那时不知道兴了什么风，学校突然把所有的学生重新分了班，学习好的在一起，学习差的在一起。好班自然俏手，老师们争着去带，但是差班就没那么幸运。记得那年，有一个班曾经一个

多星期没有找到班主任。

在这种情况下，我跑去申请。由于没有竞争者，最终我顺理成章地成了这个班的班主任。

而这个班的学生娃，也在用特殊的方式欢迎我。他们打架，公然在校园里抽烟，寝室、教室没人打扫，上课铃响了有人躲在寝室不出来……

校长和老教师们也用自己的方式表达了关切。在给我交代任务的时候校长说，“管理学生是一门学问，你一定要动脑筋……”而老教师们，也不知在什么力量的驱使下，放下了架子，主动地好为人师，“现在的学生都是你放一寸，他们就进一尺。所以，你对学生一定要严一点……”

总之，伴随着学生们特殊的欢迎，带着校长和老教师们的嘱托，我上岗了！

但到底该怎么带这个班，那时我心里并没有底。只是下意识地认为，当班主任只要把所有违纪现象消灭干净，班级就带好了。所以，不自觉中，执行的是兵来将挡水来土掩的政策，每天一有学生违纪，我就一脸笑地陪他(她)学习班规校纪，挖思想根源。

山里的学生大多朴实、本分。大多数情况下，这种办法还是管用的，一两次教育之后他们就会有所改变，但偶尔也会遇到不一般的学生。

记得接手班级的第二天，宿管老师就跟我报告班上的寝室出了问题：“你班上的住宿生就寝纪律太乱了，闹得临近的几个寝室都无法休息！不仅如此，还不服管教！我站在门口管了没人理会，推开门，问寝室里到底是谁说的话，却没有一个人承认……”

我把这些学生叫到办公室，问到底是谁违反了纪律。可是他们都是“久经考验的战士”，根本没有人把我当回事，在我面前一直没有人愿意坦白。

我没有别的处理办法，就笑着脸与学生僵持着，从下午六点开始，一直到晚上两点，学生和我都一个个困得哈欠连天。最终，他们见我是个不见答案不会松手的一根筋，他们才有人承认自己违纪。

后来，又发生了一件事，同样给那个班的学生留下了深刻的印象。那个时候，学校条件比较差，学生宿舍都是农村常见的那种盖瓦的一层土屋子。由于不隔音，四处透亮，站在窗户外边，就很容易知道屋内的情况。有一天晚上十一点多，别的班主任查寝室结束之后，有一个学生以为我也回家了，于是准备起来说话、玩耍。同寝室的班干部提醒他说：“赶快睡觉，不然被班主任逮住了又不好交差……”而我这个时候正好在窗外，把这一切都听得一清二楚。等班干部提醒完之后，我突然大声说了一句“准备干啥”？把那个学生吓得立马钻到了被子里……

这两件事都给学生留下了心理阴影。之后，学生给我起了个“笑面虎”的外号，说我这个不发脾气却非常有耐心的班主任不好惹。

但事情到此并没有结束，在之后带班的过程中，我很快又练就了一项绝技，让学生彻底折服。

那个时候，我成天泡在班上，每天从早上起床到熄灯休息，我都跟学生在一起。一段时间之后，我能够做到对班上的每一个学生都了如指掌，仅凭声音就能辨别出是班上的哪一个人。对于我而言，这不算什么，但对学生而言，这就是一项让他们震惊的绝技。

一开始我自己并不以为然，但是后来有个调皮的学生故意用自己的行动亲自进行了验证之后，在学生们中间我的“名气”开始大增。从此之后，班上的自习纪律、寝室的就寝纪律就再也没出过问题。

就这样，凭着侦探一样的敏锐，凭着每天从早到晚都跟在班上的勤劳，凭着不见结果不放手的执着，我完成了第一届三年的班主任工作。待到学生毕业的时候，不论是学生的学习成绩，还是学生行为表现，这个班不仅和其他班级没有了区别，而且班级的班风班貌也已经和组班的时候不可同日而语。

看到班级的这些变化，领导们惊讶不已。家长的赞誉、领导的认可、同事的钦佩纷至沓来。但是，我自己并没有觉得这次带班成功，甚至觉得自己有些悲壮。因为，带班的时候真正的苦只有我自己知道，带班的时候真正的累也只有我自己知道。我已经记不得多少次我错过了吃饭的时间，记不得多少次回家的时候妻儿已经睡熟，记不得多少次坐下来的时候腿肚子止不住抽搐……

我是咬牙坚持一路走下来的。当然，支撑我的，现在看来是一些说不出口的原因。比如，为了去回应当初身边的人对我的质疑等。但是，即便如此，这一路走来，让我对班主任这个职位对人的素质要求有了自己的看法。或许，在人们熟悉的那种传统的带班方式中，的确需要高大威武的班主任，因为彪悍的外形会让学生一看就产生畏惧心理，进而更容易让学生服从管理。但是，带班方式很明显不止一种，让学生产生敬畏心理的方法也不止一种，就像我用自己的亲身实践证明的这样，性格柔弱的班主任一样可以建立威慑感，一样可以带好班，一样可以做好班主任。

而如今，随着阅历的增长，当我再回过头来回想第一次当班主任的这些经历的时候，我自己也会觉得好笑——其实，对于当班主任而言，性格是不是柔弱并不是能不能当班主任的关键，关键是看这个老师能不能采用自己的办法赢得学生发自内心的支持。有的老师人高马大声如洪钟，天然地让学生畏惧，进而无条件地服从；有的老师才高八斗学富五车，一张口就让学生心生喜欢，自愿地对老师言听计从……但是，我在当班主任的初期，为了获取学生的信任，茫然无措的情况下却误打误撞地用了这些方法。

带班累怎么办?

2006年，学校又交给了我一个班，让我当班主任。这个班的基本情况与我带的第一个班明显不同。不管是学生的表现，还是学习成绩，都要好很多。学校领导是见我带班还有两把“刷子”，期望我用我带班的作风以及上一届的带班经验，在新一轮带班中结出丰硕的成果。

想到第一次带班的艰辛，我本能地有些抵触。但这是学校的工作安排，我不好生硬地拒绝。于是，我接过了任务，自己打起了主意，开始寻找偷懒的办法。

一开始，我想到的是进行时间管理。我曾经把一个周之内每天从起床到休息干的事情都记录下来，然后进行分析，期望从中找到不必要的时间开支，努力把一些不必亲力亲为的事情甩开，减轻自己的工作负担。但结果出来之后，我发现在一个没有成型的文化支撑的班级内，充满了各种不确定性，班主任的工作许多时候就是在被迫地应急，根本不大可能丢下任何一件班级事务置之不理。

所以，这次努力失败了。但是，失败之后，我马上转换思路另起炉灶，开始了新的尝试。这次，我想到的是选拔几个得力的班干部，让他们替我管理好班级。说干就干。我按照自己上学时候的经历在班上组织了选举。很快，全班投票把人选出来了，班干部也顺利上岗了。

可是，我依然累。许多时候，虽然有班干部，但我觉得在真正遇到问题的时候，他们还是靠不住的。他们要么是指一处打一处地不动脑筋；要么是例行公事一般管理一下，从不管有没有效果；要么阳奉阴违……或许站在他们的角度看让他们出面管理在许多时候有顾虑，但最为直接的后果是，许多时候事情办得一团糟，还得我这个班主任亲自出面。

而且，即便是这种情况，又出现新问题了。一次集会上，班上的两名学生不顾台上领导的颜面，在班级队列里发生了冲突，他们你推我搡，各不相让。这是一起严重的事件。领导责成我尽快细致地调查，把情况调查清楚之后进行汇报。

让我意想不到的是，这起事件中两名当事人中就有一名主要的班干部，但更让我吃惊的是，在调查的时候一个学生不经意之间说出的话深深地触动了我。

“他(班干部)在班上有一群小兄弟，看谁不顺眼就在平时盯着谁……”我本来是想使用班干部，让自己偷偷懒，没想偷懒不成，还让自己掉进了坑里。

我把这件事视为一种耻辱，也视为一种挑战。于是，一番自我斗争之后，我决定以整顿班干部队伍这件事情为起点，开始全新的探索。

由于自己并没有什么成熟的想法，而且骨子里还是想偷懒，所以，这次整顿，我首先想到的是在班上找了几个平时比较贴心的学生小范围地开了个会，让他们帮我想想办法。

我把我的困惑直接抛出来，把发言机会让给了他们。经过几个回合的商议，最终我们形成了一个共识：简单的民主并不具备什么意义，要想让班干部成为班级真正的领头羊，就必须想办法在把班级中最优秀的那些学生选出来的基础上，让他们在制度规定的范围内履行职责。

基于这样一些东西，我们分头思考，最终酝酿出了一套具体的操作办法：先探讨了班干部的职位设置，接着讨论了各个职位的责任，然后分析各个职位对人的素质需求，最后依据各个职位对人的素质的核心需求，通过评选班级之最的活动，把班级里最合适的人放到最合适的位置上。

比如，我们讨论认为班长是班级行政一把手，平时需要带领各委员负责日常工作的监督、协调、管理，是班主任的助手和参谋，需要对班主任以及全班同学负责。因此，班长人选必须具备正义感、责任心、组织能力、协调能力等核心素质。

有了这些素质标准，接下来，我们就按照这些素质标准，在班级里通过班级之最活动公开选人。这是一次全新的尝试。然而，当所有的结果顺利出来之后，作为班级的第一责任人，我却很有一些紧张，生怕一宣布执行就出了岔子不好收场。我就像一个第一次走上舞台的孩子一样，怯生生地把我的担忧向学生进行了坦白。没想到学生对我们这次班干部选取的全新尝试很宽容。他们说，这是一次汇聚了师生共同智慧的全新尝试，应该不会失败的。如果万一失败了，就当什么都没发生过，我们从头再来……

学生的这些话，像一颗定心丸，让我备感温暖，陡然间在心里有了当好班主任的底气。

很快，我们用新选拔方式产生的班干部走马上任了。和我们预期的一样，学生不仅很信服，而且他们很快也在各自的岗位上用他们的实际行动证明了他们的价值。事后学生们都说，这样选拔班干部，第一次有了当家做主的感觉。

这件事对我的触动很大，因为对我而言，这又是一次以往从没有经历过的体验。如果说以往带班，都是我在强势地干预一切事务，那么这次经历，让我真切地感受到来自学生的力量。

我逐渐意识到，学生除了可以围追堵截式地管，也是可以顺水推舟地引导的。我以往的做法可能就是管得太多，而引导得太少。十多岁的中学生，他们有自身的想法，也有成长的需要。作为班主任，完全可以在带班的过程中，把他们的智慧、他们的力量利用起来。

我突然明白，作为班主任，以往我那种以控制为特点的带班之所以累，其实是有原因的。面对个性各异的几十名学生，要想把他们生硬地统一到班主任同一个死板的要求上来，自然就会遭到他们或明或暗的反对，面对这样的各种内耗，天天机械重复地去应对，怎能不累呢？

事后，我认真分析了这次班干部选拔的每一个细节，认真总结了经验。在后续带班的班级管理过程中，我有意识地复制了这种思维。需要组织活动的时候，我找来学生我们一起商量方案；班级发展遇到问题的时候，我们一起商议解决的办法……

我的这种改变，很快就迎来了学生的改变。不仅在我带班工作中遇到的阻力明显变小，而且班级发生了可喜的变化，比以往任何时候都更和谐，班上的学生个个都主动为各种事务分担、出力，遇到问题也有人积极想办法。

等到这个班毕业的时候，我们不仅班级运行状态远远好于同年级其他班级，而且师生关系也非常和谐，其他班级根本无法比拟。

就这样，我这个菜鸟班主任又一次实现了跨越发展。我不仅从繁重的班主任工作中得到了解放，而且我对班主任这个职位也开始有了全新的体验——班主任，只要学会改变自己，完全可以成为学生的知心人，陪学生一起成长，一起快乐。

多年以后，我再回想这段经历的时候，我有一种无心插柳柳成荫的感觉。或许当初真的是一心想偷懒，但现在来看，当初追求的偷懒真的不重要，重要的是它在不经意间帮助我实现了教育理念的更新。

我是不是每个学生的班主任？

送走了第二届学生，我又开始了新的带班征程。

这次带班，本以为沿用我带班积累的经验，可以继续把班主任工作做得风生水起，省时省心，但没想到刚上任没几天，我就遇到了一个揪心的新课题。

在组织班级活动的时候，我发现班上有几个学生，没有参加任何小组，在班上各个小组热火朝天地活动的时候，他们只好很落寞地躲在角落里。

我看在眼里，痛在心里。如果放任下去，这些学生必定无法享受活动带给他们的快乐，也必定无法得到发展。但是，他们为什么不愿意参加班级活动呢？

学生不愿意参加班级活动的原因或许有许多，但肯定有一部分来自老师。我没有把这个问题简单地推给学生，而是借助这个问题反思我的原因。几次三番之后，我发现这样的追问越来越有意思。最终，我把这个问题升级成为一个非常具有哲学意味的问题：

我是不是每个学生的班主任？

表面上来看，这不是个问题。一个班的班主任，自然是这个班上每个学生的班主任。但是，如果深入地看，这个问题就成了一个重要问题：当我们用自己的视线关注到班级活动中学生的表现的时候，总可以发现不管是什么活动，总有部分学生不感兴趣，游离于我们的预设之外。

如果我们曾经深入追问过原因，也许那些学生的看法会更让人吃惊：

“我妈说我只要搞好学习就行了……”

“我也不知道我喜欢什么……”

……

不知道别人怎么看，但是当我知道这些之后，我惊诧于学生的这些解释，并感到害怕。内心要多么麻木、多么灰暗才能说出这样的话啊！更何况他们还只是十五六岁的孩子！

作为一个专业的教育工作者，我知道他们是内心世界里并未被点亮的孩子！面对这种情景，我本能地觉得我必须有所行动！于是，我又一次重新思考了班主任这个角色，又一次重新审视了自己的行为。

最终，我坚定地认为，一个班主任仅仅满足于怎样依靠学生发展学生是不够的，仅仅满足于带班要多么优秀是不够的，他最基本同时也是最重要的职责就是让班级里的每一个孩子都得到应有的发展！

于是，班级生态建设的理念进入了我的视野。

我觉得，不管学生之前的状况是什么样的，只要我们能够给他们营造一个适宜的班级环境，就能唤醒他们的上进心，他们就一定能够像春天的树木一样，在一定程度上获得发展！

任何事情说起来容易做起来难。对我而言，这又是一项前所未有的挑战，其关键之处在于怎样把这样的想法变成具体的一项一项的行动。

经过一年多的学习与思考，怎样去具体实施在我的头脑中有了大致轮廓。2013 年，借助我在保康县中等职业技术学校里当班主任的机会，我把我的一些想法付诸实践。

我的这个实践是以班级自主化管理为基调，以调动每个人内在的发展动力为起点，通过给学生营造积极向上的成长环境，强化文化引领等办法，增强学生的自信，努力帮助学生从被动地守纪变为主动地成长。

学生一进班，我们就通过“照镜子”等活动引导学生正确认识自我，通过“给十年后的自己设计名片”等活动引导学生确立了发展目标，然后通过探讨目标的实施路径又把目标进行分解，确立短期目标、中期目标、远期目标，进而归纳总结出了要确立这些目标，必须自律、自信，并以此形成了班训，贴在黑板上方，时刻激励学生。

与此同时，为了引导学生把发展目标落实到行动上，我们在班级内构建了个人、小组、班级三个层面的评价系统。在班级层面，主要是通过针对各种不良现象开展批评与自我批评活动；在小组层面，主要是针对一日常规开展互评等活动；在个人层面，主要是参照个人发展计划开展一日反思。这些活动，各有侧重，引导每一个学生感知体验自己每一天的收获和进步。

除此之外，我们还开展丰富的活动，努力打造多种平台，让学生体验成功，比如每月办一份班级小报，每周撰写一篇班级博客、讲一个名人故事、进行一场演讲、学会一首歌曲、观看一部德育短片，组建班级篮球队、羽毛球队、长跑队等，这些都是结合学生的兴趣爱好打造的平台。开展活动是尽可能地把班级的每一个学生都引入发展的轨道的好办法。

但特别的学生，还需要特殊对待。曾经班上有一个小胖墩，一开始是个十足的看客。一次聊天中，他说自己幼儿园的时候放纸飞机很厉害，其他小朋友都比不过他。别人都以为他在吹牛，但我观察到他在聊的时候，眉开眼笑，一副平常少有的开心样子。得知这一细节之后，我特意在班上找了一个班干部安排了一项任务，让他在网上学习叠纸飞机的技术，然后找小胖墩比赛。就这样，借助这个纸飞机比赛，小胖墩很快就被我“拉下水”，融入了班级活动之中。

事实证明，只要活动接地气，这套办法是有效的。可能那些躲在角落里观望的孩子一开始还是无动于衷，但是，在他们感受到了班级环境的微妙变化之后，在他们看到班上其他孩子建立在自己的兴趣爱好之上的快乐之后，在他们体会到了班主任的用心良苦之后，他们就会选择妥协，主动地参与到自己喜欢的班级活动中来。

一年以后，我们的这个班级已经在学校组织的各种评比中，把同类的其他班级远远地抛在了后面。不仅多次争得班级考核第一，运动会、演讲比赛等各项比赛也都成了我班学生表演的舞台。

由于班级管理显著有效，2014 年 10 月，教育局组织了教师代表现场观摩之后，决定让我做经验介绍，把我的带班经验向全县老师们推广。

我从没想到曾经被人质疑、性格柔弱、管不住学生的我，能够站在讲台上教别人当班主任！我感慨万千。

当然，这次经历并不能说明什么。但站在发言席的那一刻，我觉得这是对我一个农村班主任在带班方面多年摸索的肯定，也是对我追求专业化发展的一种鼓励。

这次的经历，无疑是我成长过程中重要的节点，它让我更自信，更有勇气在班主任这个岗位上去探索，更有胆量面对复杂的未来去创新、去实践，在增加了我做好班主任工作信心的同时，也让我明白了学生需要什么样的班主任。在此后的日子里，我在带班工作中更加明确地突出了这方面的内容，一边带领学生继续各种尝试，一边关注他们的思想变化，感知他们的反应，研究他们的成长。

近年来，我也把这种努力与我一直坚持的读读写写结合起来，收获着另一种喜悦。自 2015 年元月起，我尝试着把我带班中的一些东西写成文章投给报刊，没想到这些稚嫩的文字受到了编辑老师的欢迎。这两年，我每年都要发表班主任类的文章二十余篇。

回顾十几年的班主任生涯，感觉自己就像一条毛毛虫一样，在不断的蜕变中得到了成长。当然，这里面有辛酸，也有甘甜；有泪水，更有欢笑。但是，现在我享受这个过程。因为，从某种角度上看，一次次的蜕变，让我看到了不一样的风景。

找出原始的合作者

湖北省襄阳市保康县中等职业技术学校　杨绪兵

上课铃响了，终于轮到我上场。我快步走进了教室，然后站在了讲台后面。

这是我第一次进班，我特意去修整了头发，还穿了平时很少穿的一套西装，我想，这样也许能够给我的学生们留下一个好的印象，让我显得比较精神。

但是，我的努力白费了，哄闹的教室里并没有人注意到有一个陌生人的到来。我很尴尬，但又没有什么好的办法，就这样又过了几秒钟，前排的一个同学发现新大陆似的大喊了一声“哟，来了个帅哥”！于是，全班的目光迅速聚集到了讲台上。

我感觉非常不爽，但还是抓住机会和班上每个同学对视了一番，开口说道：“我是……”我本来是想抓住这个机会做自我介绍的，说“我是你们新来的班主任”等等，然而，并没有等我说完，一个学生接着我的半句话大声说了个词“小狗”，顿时，教室里迸发出了肆无忌惮的哄笑，有人前仰后合，有人花枝乱颤，只剩下讲台上可怜兮兮的我。

几个学生尽兴哄笑之后，教室里很快就开始安静下来。他们或许是觉得刚刚的言行过于疯狂，想停下来缓和一下气氛，或许也是想试探一下，看我这个新班主任到底怎样来收拾这场残局。然而，我却似乎有些傻了！

面对这突如其来的遭遇，我只觉得全身燥热，耳朵里嗡嗡作响，大脑里一片空白，身体里有一股想马上冲过去给他一顿严厉的呵斥或者把他赶出教室的冲动。我知道，我有些生气了，但是，直觉告诉我这样做没有用，这些学生根本不吃这一套。于是，我只好控制住自己的脚不让它迈出去，让怒气在体内升腾回旋。

我怒目圆瞪，把两个拳头攥着，虽然站着没动，但是有好几个学生都观察到我怒了。他们以为我要动手打人，都开始努力让自己变得乖起来。

教室变得安静了，在闷闷的氛围中，我感觉有几种不同的情愫在教室里游荡，或等待，或观望，那似乎是一场歇斯底里的爆发前的寂静。就在这时，我注意到几个学生回头看了一下靠窗边的一个男孩，然后又把头转了回来，微笑着看着我。

我知道，这几个学生在找那个说小狗的人。顺着他们的方向，我看到了一个皮肤黝黑而又精瘦的男孩。我看过去的时候，他正弓着背，躲在桌子上的一堆书后面，露出两只眼睛看着我。

“如果我是一只小狗，我一定会咬住那些捣乱的学生！”我一个字一个字地说：“当然，我并不是一只小狗，而是你们新来的班主任。”

学生们看到我并没有发飙，觉得有些意外，他们睁大了眼睛这才开始仔细地打量我。教室里更加安静了，我感觉到局势终于来到了我这一边。

原本准备来个详细的自我介绍，但是我决定放弃了。看得出来，学生们对我的到来并不是十分期待，他们对谁当他们的班主任也不上心，他们希望的只是有人来陪着他们，能够用热闹、哄笑来打发百无聊赖的时间。而我，很明显在进教室之前低估了他们。

但是，即便是这样，面对这群学生，又能怎样呢？作为中职学生，再过一两年，他们就要走进社会，也许我选择视而不见，或者顺水推舟，可以让我很轻松自在，但是如果真的那样，他们就有可能失去一个受教育的机会。所以，即便是第一次见面我就被他们来了个下马威，那又能怎样呢？

我本能地觉得我还是能够有所作为的，即便是不能扭转局面，教育好他们，但至少还是能够给这群学生们带来一些积极的影响。

“同学们，”我定了定神，然后开口说道：“在进入教室之前，我很用心地了解了一些大家的信息。比如，我知道我们班有人在课余拆开了教室里的电脑，拿走了里面的零件；有人不能很好地处理同学之间的关系，半夜起来用刀划破了同学的手臂……我说这些，并不是要和大家算账，我只是把这些往事看成我们成长过程中的一些小插曲，一些小过错，谁不曾年少轻狂过呢？但是，老师这样说，并不是说我们在今后的日子里，可以这样一直持续下去。我们每一天都在成长，我们每一天都在成熟，在今后的日子里，我希望我们班的每一个同学都能学会很好地控制住自己，每天懂事一点点，每天成长一点点，每天进步一点点，等到我们毕业的时候，争取人人都能够做一个受欢迎的人……"

等我说完，我发现只有我稍显沙哑的声音在教室里回荡，让我感觉好极了。

下课回到办公室，回想起课堂上的遭遇，我还有些惊魂未定，感觉就像一头斗兽刚刚参加完一场势均力敌的角力在休息的时候一样，一下子就瘫软了。这时，一个男生跟了进来。他说："杨老师您别生气，那个说您是小狗的同学其实也没什么恶意，只是他有些管不住自己。"我有些好奇，于是反问他为什么。"他们几个就是这样无聊，以逗老师为乐，今年春天就气哭了几个老师……"他说。原来如此，我长舒一口气，受到惊吓的心也稍稍放安稳了一些。

中午回到家里，我把今天和学生见第一面的情况和家人分享。夫人安慰我说："一个班有表现差的学生，肯定有表现好的学生。下课之后那个来找你的男孩不就是个很善解人意的学生吗？"我立马醍醐灌顶。"这么说，他是这个班的希望啊！"我一边回着夫人，一边在内心里升起了一阵淡淡的惊喜。

可是，那个靠窗的精瘦男孩为什么要接我的话说我是小狗呢？我仍然百思不得其解，甚至从下午开始，我都觉得我一闭眼，头脑里就会蹦出上午上课时的情景。

到了晚上，我还是没有答案。我把这个事和一个网友讲了，他不愧是学过心理学的，没有同情或者安慰，只淡淡地回了一句："你也别介意，这样的孩子也许是很自卑，他只想用这种方式吸引你的注意，建议你了解一下他家里的情况。"看完，我又是一番醍醐灌顶。

后来，我把这个故事在博客讲了，一个学生留言说："我一直为当年您第一天来我们班上数学课时带领同学们捉弄您的年幼无知感到羞愧，再次向您表示诚挚的歉意！可我一直没有搞懂的是您为什么要这么克制？您这是在卖萌吗？”

我很认真地给他写了回复。我说：“教育是种很柔弱的力量，但是却非常伟大，深入人心。教师面对这种捉弄，最好的教育策略是想办法让学生忏悔，我确信我做得很好，而且早就已经做到了。”

在童心里走过四季

湖北省武汉市武汉小学　章玉娥

源于幼时充满童心的职业印象，认为当老师很威风，能管人，还能组织学生想干吗就干吗，章玉娥报考了师范，顺理成章地，毕业后，她成为一名人民教师。

因为童心难忘，她选择了这个职业；而如今她又深感幸运，因为她一直执教小学，多少个四季过去了，她依然能够沉浸在一颗颗纯真的童心里快乐地生活着：

“我是一叶小荷，才露小小尖角，明天我会撑起一片蓝天。这是我们走向未来的起点，风雨和彩虹装扮欢乐的童年。”

……

每天清晨，章玉娥听着这首校歌走进校园，看着孩子们蹦蹦跳跳的身影，她总在想：作为一名教师，尤其是班主任，她应该怎样陪伴孩子度过美好的童年呢？她称自己是“童心”的守护者，将日复一日，为读懂孩子努力前行着……

从“章姐姐”到“章妈妈”的 17 年

章玉娥个子娇小，长相秀气，这样一位从师范毕业的“姐姐”老师，执教至今，身后一堆萝卜头的“人气”景象还是很容易想象的。

从孩子们嘴巴里的“章姐姐”到“章妈妈”，章玉娥走过了平淡又充满爱的 17 年，这 17 年来，她一直担任班主任，用阅历体会到了之前未曾想象过的、当老师的那种“累”。

刚开始的几年，章玉娥会对自己的“勤奋”感受得非常清晰。

那时，她最早到学校，走得也最晚，中午还在给学生补课，有时周末都不休息，几乎是把能用的时间全都用在了学生身上。

章玉娥勤奋的同时，也为孩子倾注了满满的爱心。每次刚接手新班，她总会先通过书信、家访赢得家长的信任。从开学第一天起，她便开始用文字和图片记录学生成长的脚步，每天必有的“一日情况反馈”面向全体家长和学生综合反映孩子在校情况……为了捕捉每一个孩子灵动的瞬间，章玉娥会抱着单反相机不停地来回奔走，选择各种角度去捕捉画面。

往往是一回到家，浑身的酸疼还没有褪去，章玉娥就开始在几百张照片中寻找每个孩子最美的笑脸。为了调出最合适的色彩、配上最精美的边框、拼出最有意思的照片，她常常要花上好几个晚上熬夜工作，为此经常累得直不起腰来。不少老师善意地劝她：“学校又没有要求这样做，你何必给自己多找事做。”但在章玉娥看来，能成为孩子们童年时光的陪伴者，倾听他们生命拔节的声音，见证他们生命成长的历程，是多么幸运！

为了每一个孩子的笑脸，章玉娥不怕累着自己的身体，她执着于对学生的这些微小“呵护”中不可自拔，单纯地以为只要努力了就能把事情做好，一天天地“傻干”着，虽然很多家长对此感动万分，但刚开始的那几年，还是有很多家长会“看脸”，下意识地怀疑章玉娥的班级管理能力。

“家长知道我对工作和学生都很认真，对我的师德认同度很高，但还是觉得我缺乏经验。”章玉娥回想那时，至今还是觉得有些苦涩。

这也许需要教龄来弥补，也许需要沟通来打破既有印象，但章玉娥，永远是发现问题后，第一时间审视自己。通过总结经验，她很快就认识到自己的一些不足，首先是技巧问题，做班主任“傻干”是不行的，要学会巧干；然后是交流问题，她性格内向，又不喜欢请教别人，所以才一直没有更大的进步。

不等时间去证明，她开始寻找突破点，但这心境的变化，总始于一个微小的契机。

学会“巧干”和请教交流

那一年，章玉娥依然是班主任，班上依然有层出不穷的“熊孩子”，而且比以往更多了。而家长也不是特别省心，出了问题，都喜欢护着自家孩子，总是要求章玉娥批评这个管教那个，有的家长甚至还联名给学校施压，希望赶走某某孩子。

每天，章玉娥除了保姆式地哄好孩子们，还要应付家长之间的各种矛盾，每天都在当“法官”居中协调，身体累倒是其次，主要是心累了：为什么自己明明已经这么努力了，却还是不能让家长满意？

那天，班上有个孩子无意中抓破了另一个孩子的脸，那位受伤孩子的妈妈当着章玉娥的面，坚持让自己的孩子“还”回去，还抓住章玉娥的手不让她阻止……随后，两位当事孩子的妈妈开始了长达一个多月的相互谩骂和指责。保护不了学生，还花了一个多月时间来调解家长之间的关系，章玉娥心力交瘁。心灰意冷之下，她向学校提出辞去班主任职务，却被婉拒了。

退也不能退，躲又躲不了，现实逼着章玉娥开始改变，她开始在家校沟通上花心思，想办法通过活动让班级变得活跃起来，开始寻找班主任“巧干”之道。

也许是天赐良机，那时，学校成立了名优班主任工作室，章玉娥凭借着一贯的“勤奋”标签，被选拔出来加入研修。

“其实我觉得当时自己和其他成员在业务上差了好远，我除了认真，也真没什么拿得出手。”章玉娥至今回想起来都觉得十分幸运。

加入工作室后，章玉娥利用经常进行的一些研修活动，积极吸收名优老师们的工作经验，有什么适合本班的，都细心地整理好，回到班级就一次次地试。很快，因为虚心求教，又能下心思琢磨，章玉娥的“巧干”之路走得越发顺畅。

她和学生吟诵经典，赏析美文；登上舞台，走入军营；关注生活，创新实践，将学生的视角，从家庭引向社会。她放手让学生参加各种有益的活动，充分发挥他们的自主能动性，“我为爸妈做道菜”“欢欢喜喜过大年”“节日交通状况调查”“我与地铁有个约会”“暖冬江城、感动武汉”等创新素质实践行活动，使学生受到了教育，增长了才干，素质得到全面提升。同时，由于经常开展这些需要家长配合的活动，自己的家校沟通也做得越来越好。

努力永远能带来改变。在她班的墙壁上，开始挂满各种荣誉：“最佳文明班级”、“优秀雏鹰中队”、“书香班级”、“运动会团体总分第一名”、“趣味游戏比赛第一名”、“广播操比赛第一名”……一项项荣誉记录着班级前进的脚步，也让章玉娥品尝到了“巧干”的成功果实。

新的研修在路上

现在，凭借着多年摸索出的“巧干”经验，章玉娥已然成长为学校的骨干教师，各种荣誉不期而至。但于她而言，荣誉再多，也只是对她努力工作的认可，并非她要追求的结果，她的追求，永远在于如何更好地管理班级，如何更好地呵护她一直珍爱的“童心”。

所以当她被选入参加“卓越班”研修时，她也是淡定地抱着一颗平常心而来，却没有想到收获到那样多的震撼。

“其实我本身不是很看重名利，所以开班时，听到之前的前辈们出书、成名的例子，也觉得没什么特别大的吸引力，但这个培训却第一时间就吸引了我。”一入班，章玉娥就迅速地被卓越班的各种研修活动调动了大脑，人像着了魔一样，干什么事情都想和班主任工作挂钩，常常凌晨才睡，人始终处于兴奋状态。

而培训期间暂时离开班级，也让章玉娥见识到了学生的自我管理能力。因为章玉娥每天都坚持将班级的情况发到群空间，这一离开，这项工作职能只能暂时拜托班长。谁承想，学生第一天自己发就得到了家长的大力表扬和鼓励。最后，学生们都纷纷“请愿”，要求由他们自己轮流发布。这不仅让章玉娥感到意外，而且让她对班级管理有了更深刻的认识：与其事事躬亲，不如让学生自己来！

有了更多的想法，自然在培训中就会重新燃起更多斗志，面对一个比一个优秀的同班学员，章玉娥只认死理：只有付出更多努力，才能最后取得“真经”。

其实章玉娥坚持得也很勉强，每月都在为交作业发愁，但她坦诚，发愁的同时其实也是一种教育的思考：要写什么？什么事件是有教育意义的？我的处理方式正确吗？……然后在这些问题中，她又会产生新的疑惑，期盼得到更多的解答。在这样不知不觉地前行中，章玉娥一步步地朝着专业发展的新高度进步着。

第二次集中培训后，“卓越班”项目的执行人刘永存博士真诚地邀请章玉娥老师参与一项慕课项目的录制，他说，章老师的“台风”和专业素养让他印象深刻。而通过这段时间以来的学习，章玉娥经常外出做讲座，参加各种学术会议，已然隐隐在朝“名师”道路前进，当初仅仅盼望的个人职业境界的追求，附赠给了她未曾想过的名利光环。

也许就是这样，当一个人有追求，就会前进，前进过程中，无意中撷取的那一朵朵鲜花，也是一种必然的馈赠，但章玉娥依然把这馈赠看得很淡，她只执着于心心念念的可贵童心，“人的一生不只有一个童年：第一个童年是父母赠与的，第二个童年是子女赠与的。幸运的我有第三个童年，它是学生赠与的。”作为德育工作者，章玉娥愿陪伴孩子去享受童年并留下美好的记忆，陪伴家长去感受亲子时光的珍贵……

假如时光可以倒流

湖北省武汉市武汉小学　章玉娥

第四节是美术课，当我踏着下课铃声走进教室，准备给学生们打饭时，发现教室里一片狼藉，满地各色的纸屑像一个个调皮的孩子横七竖八地躺着，学生们正拿着自己做好的手工作品相互炫耀着，叫声、笑声在被桌椅和学生挤得满当当的教室里显得格外刺耳。我不由皱起了眉头。

这时，孙君曦和陈龙石气呼呼地跑到我跟前告状，说对方把纸扔在了自己的位置上。这样的告状不是第一次了，而又恰巧是在我最忙碌的时候，我真是气不打一处来，真想批评他俩一顿，可是看见端着碗排着长队打饭的学生，我只好说："你们现在去清扫干净。"等我给学生们打完饭再抬起头，发现陈龙石正拿着扫把扫地，但是纸屑依然一地，而孙君曦还在生气。显然我班主任的威严并没有让他俩心悦诚服，矛盾依然存在。

把学生们送回寝室后，我走进教室，看见被留下的这两个孩子正坐在自己的位置上做作业，显得很平静，好像什么事也没发生过。看来他们的气已经消了，但矛盾真的解决了吗？我边思考这个问题，边把他俩带到办公室。"说说看，刚才是怎么回事？"我望着他们。孙君曦抢先说："刚才上美术课，老师让我们找自己的伙伴合作，我要和陈龙石前面的陈子荃一起做东西，陈龙石也要和我旁边的晏安迪一起做，我们俩就换了座位……""等等，也就是说，陈龙石为你提供了方便，你也为他提供了方便，是吗？"听我这样一问，俩人迟疑了一下然后点点头。听到这儿，我已经明白了事情是怎么回事："接着说吧。"我想听听这两个孩子会怎么说。"孙君曦走的时候，一大堆纸都留在我的桌上，"陈龙石说："所以，我就全‘还’给她了。”孙君曦不好意思地看了我一眼，说：“所以我就把纸又丢给他。”这是两个诚实的孩子，我知道这个时候给他们讲讲“看见纸屑弯弯腰，一个小小动作就能为集体争光，就能化解矛盾”的道理就能很快结束事情。可是，这样的结束真的是问题的结束吗？他们真的懂得这道理中的含义吗？我决定听听他们打算怎么处理。

我笑了笑，很轻松地问：“我们来玩个穿越时空的游戏吧！”他俩立刻高兴地答应了。我故作神秘地说：“现在，时光倒流，咱们回到了刚才那节美术课，你们俩会怎么做呢？”孙君曦扬起头说：“我会把用剩下的纸都清干净再回座位。”陈龙石很认真地说道：“我也清干净，还把地上的纸都扫干净。”“为什么呢？”我又故作好奇地问。“本来他肯换座位，就帮助了我，我如果不清理干净垃圾，下次他就不愿意帮助我了。”孙君曦说。“是呀，占了别人的位置还留一堆垃圾，这样的人下次就不会得到帮助了。”我点点头：“挺有头脑的呀！”看到我表扬了孙君曦，陈龙石连忙说：“我们把纸屑丢来丢去，弄得教室里也很脏，影响我们班的清洁卫生。”我笑了：“这么看来，你们还是愿意换座位，这样两人都很方便。而且你们不愿意把别人的座位弄脏，是吗？”俩人都点点头。“瞧，你们俩都能为对方、为班集体着想。刚才是一时没转过弯来，是吗？那下一步干什么？”两个孩子笑了起来，继而很郑重地向对方说了声：“对不起！”听着他俩的对话，看着他俩的表情，我知道他们是真诚的，看来“让时光倒流”的游戏奏效了。看着两个孩子很快打扫干净的教室，我也陷入时光倒流的空间：如果在学生们以前出现类似的事情时，我也能这样心平气和地倾听和引导，孩子之间的矛盾还会此起彼伏吗？

是啊，人的成长需要不断地自我觉醒。在教育学生时，需要讲道理，更需要给孩子们创造一个“时光倒流”的机会，引导他们自我反省、自我说服，这样的自我教育会更容易深入内心，扎根开花。而作为老师的我们何不也给自己一个“假如时光可以倒流”的机会，让自己也能在反思中成长，在成长中收获幸福？

行走乡间 14 年

北大培文宁德国际学校　冉　新

执教 19 年，18 年在做班主任

自冉新 1996 年师范毕业参加工作至今，已经过去了 19 年。除了刚开始的 1 年需要熟悉业务，其余的 18 年，冉新一直在担任班主任。

那年，刚毕业的冉新被分配到曾经的母校万家中学。回乡教书，他的第一反应不是遗憾“是乡里，又偏僻”，而是庆幸，“还好没有去教小学生”，十分乐天知命。

毕竟是母校，冉新表示很适应，可新的尴尬马上就来了：“当时学校和教育组的主要领导都曾经是我的老师呢。”冉新读书的时候成绩很好，挺招老师们喜欢，现在角色转变，成了同事，万一这书要是教不好……从来不敢想太多的冉新，第一次感觉自己被架在火上了。

毕竟年轻气盛，又害怕丢面子，冉新丝毫不敢放松，开始了“拔腿狂奔”的乡村教师生涯。对学生要求严，对自己不放松，冉新变得越来越严肃，再加上学校整体的“尚学”氛围，冉新很快就成长为学生心目中的严师厉友。

很快，因为冉新的拼搏与负责，其所带班级学生的学习成绩提高了。后来，关键的升学率也涨起来了，家长们纷纷以进冉新的班级为荣，学校也对冉新寄予了厚望。

作为班主任，做到这一步，俨然已经攀上了一座职业小高峰。可对于冉新而言，他却感觉那段时间没有多少成就感，更多的是茫

然和不知所措。因为当时，在冉新的眼里、心里、行动上，几乎只有分数和升学率，他没有多少时间去思考教育的本质，心中总是隐隐觉得不对。多年后，冉新在反思那一段岁月时毫不留情地批判了自己："简单粗暴的教育方式，急功近利的教学追求，大概就是当时我工作状态的全部写照。"

冉新第一次在教学心态上的转变，源于一位学生带来的震撼。那是2005届的电教班学生。当时，进这个班级的学生家庭经济条件稍好一点，学生的情商普遍比较高，让冉新着急上火的意外事件少了很多，自然而然，冉新也能以稍微愉快一点的心情，面对这群学生。

其中，有一位学生的才气，让冉新大为惊叹。这个学生叫邓莹兰，冉新刚开始教她语文时，就发现小姑娘小小年纪，文章写得特别好，思考特别深。这让一向在学生面前习惯高高在上的冉新，彻底改变了对学生的看法：原来老师未必比学生高明，学生也不只是会来事的"刺头儿"，还有这样纯粹的惊喜等着老师啊！

从此以后，冉新开始学会用另一种平等甚至仰视的角度看待学生，这让他收获良多，挖掘出了许多不是传统意义上的"好学生"，脾气也越来越好，教学的路也越走越宽。

但真正的转变，还是在来到松滋市实验初级中学后。

不当副校长，回城重新开始

2010年的夏天，冉新的小宝出生了。多年和妻子聚少离多，现在孩子的一切还要继续不管不顾吗？

不，冉新做了一个令人诧异的决定：回城教书陪伴家人！其实，当时领导已经找他谈话，身为教导主任的他只要再多待一年，副校长的位子非他莫属，这么多年，为学校名誉拼搏的他，眼看着有了一次大好机会，却被他自己放弃了。

回想那年的决定，冉新至今也没有后悔。30多岁的年纪，毫无基础的新学校、新岗位对他而言意味着什么不言而喻，但他还是回城了。

“其实我一直是一个纯真的人。”冉新有些羞涩地总结着自己。纯真的人看问题，永远不是利益，而是本心。

因为本心告诉他，要好好教书，于是他被分配到乡村毫无怨言，一心成长；因为顺从本心，他又放弃一切，重新开始……

来到新学校以后，因为过去的工作业绩，冉新也得到了充分的认可，从事两个班的语文教学，担任班主任和年级副组长。

一切就在这样一种美好的憧憬中重新开始了。但事实并没有他想象中的那么顺利，那些期待中的精彩桥段也未能如期上演，相反，工作似乎处处碰壁：学校活动未能获得一等奖，班级考试成绩位于全年级偏下的位置，更重要的是，过去的一些教育方法根本行不通，自己热情高涨，学生冷眼旁观。严重的水土不服让冉新有了一种强烈的危机感。

但冉新是谁？他一如既往地向工作中的难题发起了挑战。冉新首先找到症结所在：原来是自己的“表情管理”出了问题！于是，他不再整天板着脸对着学生，容忍他们的一些小错误，不再声色俱厉地训斥他们。这种改变很快就收到了成效，学生开始主动和他沟通，做什么事情都不再完全瞒着他，开始主动关心集体，甚至为冉新出谋划策。很快，冉新在新学校教的第一届学生毕业了，顺利考取了不错的学校。

当然，对于自我要求高到苛刻的冉新来说，这仅仅是一个开始，他开始积极向同事请教，探索与之前在乡镇中学完全不一样的教学模式，新的治班点子层出不穷……他的努力自然得到了回报，现在，他已经进入了新一轮的“得心应手”阶段，但刚刚自信没几天，他又碰上了“卓越班”。

卓越班，让他看到了新的可能

作为一名优秀的班主任，参加培训是经常碰到的“功课”，可是卓越班却颠覆了冉新对培训的认识，他在班会课竞赛中，就笑言，卓越班让一贯自信的他，变得没有那么自信了，因为他发现，那么多的专业高峰等待着他去攀登。

“以往的培训就是发发资料，听听讲座，我是真没想到卓越班的研修是这么艰苦且收获良多。”冉新坦诚地说，卓越班培训的本质是真正着眼于班主任的专业成长，不光要听，要做，还要展示，互动性很强！

一开始参加卓越班研修，冉新还能淡定地冷眼看着，但很快，他就发现，仅仅跟进度和全身心地投入的差别有多么大了。

这种感受源于对卓越班贺元珍老师的钦佩，明明大家是同一时间进班学习的，贺元珍老师却仿佛忘却了时间地点般投入，很快，她的一篇文章就发表了，接着，班上其他老师陆续跟上了，发表文章一篇接着一篇……

这些都让冉新认识到，虽然大家的起点都是一样的，但做与不做结果却截然不同，只要跟上这个队伍，每个人都是可以进步的，特别是在专业素质提升这一块！于是，冉新学习得越发用功，暗暗下定决心，绝不能落在人后。

终于，在7月的班会竞赛上，冉新一鸣惊人，所设计的班会课不仅得到学员的集体认同，就是外聘的培训名师，也对他赞不绝口。

经过大半年的培训，从导师、同班学员那里汲取了专业养分，冉新再次坚定了自己的想法，那就是作为班主任，要从学生的角度去考虑问题和开展工作，这样不仅能成为一个受学生欢迎的老师，说不定还能成为一名卓越的班主任！

其实在培训期间，冉新已经试着放手，这期间，班级的家长会和运动会都是学生自己组织的，都完成得非常好。这对冉新的启发很大，他甚至悟出“名言”：要相信学生比老师高明，只要老师善于挖掘，学生的才华不可限量！

现在，冉新在研修的道路上越走越扎实，专业素养也不断提升，就如同当初刚参加工作时纯粹的本心和重新开始时的无畏一样，他现在，正攀越另一座高峰，但只要一直纯粹下去，他将会一路收获果实。

这是必然的，不是吗？

那时花开

北大培文宁德国际学校　冉　新

教育是鼓舞，是唤醒，是春风化雨的爱心和一往无前的坚持！

2010年，我到了新的学校，送走了一届学生，我就想，人生能有几个三年，真是光阴似箭！当我接手这个班级的时候是2013年，那时我已经35岁，真正步入了中年。

而人的想法总是变化很快，当我由乡镇来到县城，短短几年，我就对自己的人生有了其他的想法，为什么不能去创业？为什么不去搏一搏，试一试呢？我还在摇摆之中，但新的学期就已经开始，现实已经容不得我多想，因为侄女和朋友的小孩都在我班上，除了教好，还有别的选择吗？

也许是年龄的原因，也许是自己也成了一名父亲，我忽然变得非常宽容和有耐心，甚至完全是两面的角色，对别班的学生凶，对本班的孩子好！

也许本来他们就很可爱，也许是环境使然，孩子们也格外懂事、乖巧，我常开玩笑说，你们是我教过的最好的学生！然后他们就会有些惊讶和害羞，这样的场景是很纯真和美好的！

很快七年级结束了，最后一次期末考试，因为我们班语文成绩一向很好，所以同组的语文老师说，你班的作文写得真好。无心的一句话，却激发了我的想法，为什么不留下一点有意义的东西呢？于是编一本作文集的想法在我的脑海里浮现。说干就干，我马上召集主要的班干部开会，学生们听了也很振奋，看着他们跃跃欲试的样子，我越发坚定了自己的想法。

在放假之前，我们便要求所有学生上传至少一篇优秀作文到班级QQ群，由专人负责催稿。暑假大约过去三分之一时间的时候，我们就开始集中动工了，参与的同学是主要的班干部和写作骨干。第一件事便是设定栏目。为了扩展参与面，充实内容，我们便邀请了家长和过去的学长参加，同时还增加了班级故事的内容，其他的均为同题作文。点评、改稿、校对就这样紧张地展开了，地点选在学校的办公室和我楼下的车库里。天气很热，为了鼓舞干劲，每个半天，一杯奶茶便是编辑工作的报酬。再就是学生往返途中的安全，有时家长来接，有时我一个一个去送，有时直到把整个城区转了一圈。大半个月后，打印和编辑的工作就基本完成了，接下来便是交给印刷厂去排版了。一个星期之后，我们拿到了清样。迅速地组织人员进行校对，总共是四次，最后一次只有三个人，我看了最后一遍，记得出办公室时已是晚上七点多钟。与此同时，我们邀请班级的美术老师进行了封面设计。而其中最重要的就是给刊物取名。这个任务折磨了我们一个多星期，那时想的名字很多，仰望、晨曦、奔流、向阳花开……有十多个名字，后来我们确立了“锦葵盛夏”。因为我们创特色班级是向日葵班。但后来在网上查，锦葵并非向日葵，最终我想到了“葵语盛夏”。当一切准备好了之后，便是漫长的等待了，两个多星期之后，我们终于拿到了梦寐以求的刊物，闻着散发出的油墨香味，看着老师、同学和家长们的作品，抚摸着精美的包装，一种成就感油然而生。

在开学的第二周，我们组织了一次隆重的新书发布会，由编辑人员畅谈感受，由主编亲手将书送到每一个同学手中，每一本书上都有主编和副主编的签名。我们将多余的书籍赠送给班级科任老师和学校主要领导，而我承担了这其中的所有费用 2500 元钱。但我们约定，初中三年，我们每年出一本书，后两本的费用由学生平摊。在今年的下半年，主编涓子和副主编淳子都离开了我们的班级，一个去了广州的华美，一个去了武汉的美加，告别的时候，大家彼此都很不舍，我们在刊物上签上了自己的名字。这就是我与孩子们的故事，用我写在封面上的话作为结尾：这个夏天/我们用文字编织的记忆/就像新生的花瓣/成长为最美丽的青春怀想！

以生为本，用智慧谱写爱的乐章

湖北省襄阳市保康县歇马镇中心学校　谢德平

1991年7月，他带着对教育的无限憧憬与热爱，走上了工作岗位，来到歇马镇中心学校，与班主任工作结下了深厚的情缘，最近几年担任学校中层干部仍然舍不得放弃班主任工作。二十多年来，他工作兢兢业业，积极上进，不断地从网络、书本中汲取先进的教育理念，结合实际，大胆尝试，反复探索，认真总结，逐步形成了一套富有个人特色与风格的班级管理方法——以生为本，用智慧谱写爱的篇章。

他的自省名言是：教育的艺术不在传授，而在鼓舞与唤醒。学生是有独立人格的人，本着以生为本的理念，一切为了学生的发展，从平时的一言一行都考虑是否对学生的发展有利。他高度尊重学生，充分调动学生学习的积极性，培养学生的自信心；充分相信学生的能力，坚信学生的能力无限，全面依赖学生，大胆尝试民主化班级管理，所带的班级一直具有较强的凝聚力、积极的上进心和朝气蓬勃的活力。

他越来越感觉到做班主任工作的乐趣，尤其是近几年，一个差班到他手里，经几个月努力，就会形成积极、上进、和谐的优良班风，领导很满意，自己也从中收获了快乐。连续五年他都被评为优秀班主任、学生最满意教师。

一、生本管理，营造活力氛围

沐浴着教育改革的春风，随着课内比教学的深入，生本课堂的探索，引起他对班务管理的思考。以前，班主任给学生以望而生畏

之感，学生唯恐避之而不及。只要班主任在，教室里虽说是文质彬彬的，但相应的课堂上也是死气沉沉的，更别说积极发言了。一旦班主任不在时，那可就闹翻了天，教室里一团糟。学生感觉一切是做给班主任看的，这样就不能调动学生的学习积极性。在开展生本课堂改革实验的同时，他在生本管理方面也做了大胆的尝试，出现了一个新型的活力四射的班集体。

1. 人人参与，培养民主的管理意识

民主选举。新学期一开学，他做了一个大胆的决策——重要班干部采取民主选举产生。先民主推荐班长、副班长、学习委员、卫生委员、寝室长候选人，让他们做竞选演讲，然后学生投票，最后根据投票的情况，确定了班长、副班长、学习委员、卫生委员、寝室长。这样选出来的干部更贴近民声，更有利于他们管理，同时也有利于调动学生的积极性。

民主参与。班上事物以小组为单位进行安排，给了每个同学更多的锻炼机会。比如办黑板报，让小组轮流，每个小组办一期，比一比，看哪个组办的质量高，发挥小组成员的优势，各尽所能，各尽所长，同时给每位同学展示的机会。结果，现在的黑板报与以前的质量相比高多了，版面设计新颖，内容充实，而且每一次办得都很有特色。班级的每件事都有人做，而且积极性很高，做得像模像样。

2. 科学分组，搭建公平的交流平台

他班上共48人，从学习成绩、智力水平、学习能力、管理组织能力、自控能力、性别等方面进行综合考虑，按照“组内异质，组间同质”的原则分成6大组，12小组，使各组实力均衡，便于竞争与合作。每组有正副组长，平时的学习、交流以小组为单位进行，班上考核评比以大组进行。小组成员坐在一起，感觉非常轻松自由，交流方便。座位实行定期轮换，学生也感觉非常公平。

3. 多元评价，营造积极的竞争氛围

经过班级讨论，从学习、纪律、卫生等方面制定了详细的小组考评细则，有利于激发学生的学习积极性。小组实行亮牌管理。对学习积极的，课堂上表现优秀的实行加分，对不守纪律的实行扣分，一周一评比，评选优胜小组，并发“优胜小组”牌。6个小组实行轮流值周，组长就是值周班长，负责管理班级一周的日常事物、各小组的考核。每次月考后进行一次评比，成绩第一的小组颁发“成绩第一”标志牌。这样激发了小组的竞争意识，培养了小组的团队精神。学生实行星级管理，分别从学习态度、学习效果、纪律、卫生4个方面4颗星对学生进行考核，一个星期一评，10颗星星换一个月亮，5个月亮换一个太阳。增强学生的自我管理意识。

4. 明确目标，激发不竭的学习动力

每个小组在班级的整体设计下，为自己小组起一个富有意义的名字。他们班是鸿志班，要求各组围绕班名确立组名。清华组、怀志争优组、团结胜利组、远志组、明志组、梦翔组等彰显了孩子们的宏大志向。在此基础上，确定小组的口号、奋斗目标和组规。小组口号既简洁、响亮，又能够激励每名同学努力。奋斗目标既考虑小组在班上的名次，也要给每一名成员量体裁衣。组规既切实可行，又有利于组内的管理。

在小组管理方面，每人分管一块，学习组长(又可以分语文、数学、英语等)负责引导小组学习，解决疑难问题。卫生组长负责小组卫生及班级值日。纪律组长负责监督小组纪律和监督记分情况。记分员负责本小组的记分以及班级值周时的记分。同时小组成员也轮流值日管理小组，让人人参与管理。

在合作学习方面，有的负责做准备工作，如画图，准备材料等，有的负责记录，有的负责组织，有的负责讲解。同时根据难易的不同轮换讲解，给每人以锻炼的机会。小组成员服从小组长的统一管理，团结协作，学习上互相帮助、生活上互相照顾、纪律上互相监督，共同进步，形成一定的凝聚力和号召力。

二、生本活动，展现自信风采

1. 班组文化建设：一笔一画显自信

他送学生一句名言，“让我们因为班级而骄傲，让班级因为我们而精彩”，希望班上的每名同学都为班级出力，共建良好班集体。

在他的指导下，将教室、寝室各区域分到各小组，学生全体参与，自己动手，对教室、寝室进行布置。让学生走进教室就有积极上进的氛围，走进寝室就有温馨的感受。各具特色的小组名片、内涵丰富的班级板报、布局统一的励志名片、清新宜人的室内装饰无不显示出学生的自信。

2. 主题班会：一言一语显自信

班会是他的杀手锏。零星的教育对学生来说，一方面不成系统，另一方面也不被学生接受，效果自然不好。所以对学生进行系统的教育——主题班会是一个最好的办法。一是从七年级到九年级准备一系列的主题班会；二是针对每个阶段学生存在的问题，组织主题班会，让学生受到教育。他组织的以感恩为主题的班会曾获得县班会竞赛一等奖，同时被选为精品德育课例上报到省德育研究学会。

在八年级时，有的班上出现了学生与老师顶撞的现象，本班也出现了学生之间为点小事动手的现象时，他召开了主题是《增强素质，共建和谐班集体》的班会，设计了三个问题：(1)怎样处理好同学之间的关系？(2)怎样处理与老师家长之间的关系？(3)怎样做人？让三个小组分别围绕这三方面提出生活中的实际问题，由另外的三个小组来回答，若不能回答的，或者回答不满意的，由老师回答。学生提出了很多非常现实尖锐的问题，用了两节课的时间，学生非常投入，效果非常好，拉近了师生之间的距离，解开了学生生活中许多困惑的心结。

3. 课堂交流：一争一辩显自信

在课堂上，对于老师提出的问题，个个跃跃欲试，组间争先恐后，不甘示弱。当一个小组发言完毕，其他小组争着评价，同时发表不同见解。如在《分式》一章中，就有这样的一个例子。有这样一道题：已知$\frac{x+2y}{y}=\frac{7}{3}$，求$\frac{x}{y}$的值。让小组合作完成后交流。

甲组交流，我们组的方法是：设$y=3k$，$x+2y=7k$，解得：$x=k$，$y=3k$，所以$\frac{x}{y}=\frac{1}{3}$。

乙组说，我们的方法不同：由$\frac{x+2y}{y}=\frac{7}{3}$得$y=3x$，所以$\frac{x}{y}=\frac{1}{3}$。

丙组说，我们还有别的方法：由$\frac{x+2y}{y}=\frac{7}{3}$得$\frac{x}{y}+\frac{2y}{y}=\frac{7}{3}$，所以$\frac{x}{y}=\frac{1}{3}$。

就这样，老师逐一让他们交流了自己小组的方法，并都给予了肯定，各组感受到了成功的喜悦。

三、智慧引领，体现育人艺术

1. 智慧，让学生感受关爱

学生各种各样，教育现象纷繁复杂，处理班级日常事务，就需要老师的智慧。如初春的一个早上，谢老师来到教室门前，看见一个男生穿着一个短衫，就知道他冷。谢老师手一招："过来。"他过来了，老师没有批评他，随手将身上的外套脱下给他穿上，说："去吧。"中午学生给他还衣服时，谢老师了解到：学生在家里出门时，天气很热，就没有穿外套。到学校后却很冷，他没有衣服添加。谢老师说："拿去穿，下星期给我吧。"后来，同学们议论说："你穿你们班主任的衣服呀！"他自豪地说："是。""你们班主任真好啊！"就这样一件小事，拉拢了这位同学的心，同时其他同学也感到班主任可亲可敬。

2. 智慧，让学生享受平等

放下架子，与学生交朋友，保持一颗童心与学生打成一片。俗话说："亲其师，信其道。"学生喜欢你，就会接受你，对你讲的东西才乐于接受；相反若有抵触情绪，那他就更不接受你了，不管你怎样讲，学习是给自己学的，他就是不听。所以与学生处理好关系，显得非常重要。

3. 智慧，让老师收获幸福

谢老师从教多年，经常也有种不敢放手的思想，总认为放了若管不住学生怎么办，所以一直与学生保持着一定的距离。在近几年里，他与学生关系近了，也有多民主的做法，现在不但没有出现管不住的现象，反而学生更听话了，更理解老师了，为老师想办法，出点子，感觉工作轻松多了。

一次准备到武汉去，到车站的时候，几个学生围住了他，递来水、饮料、零食等，说："谢老师，您拿着到车上喝。"谢老师激动不已，心里感到幸福。

班主任工作虽然繁琐，但看着班级的成长，孩子们的成长，班主任自己的成长，谢老师自然是无比幸福和快乐。谢老师天天与一群孩子们打交道，借着集体的力量，把一个个孩子教育得那么上进、积极，谱写着一首首爱的乐章。

没有惩罚不也很好吗

湖北省襄阳市保康县歇马镇中心学校　谢德平

清晨的校园，麻雀在枝头叽叽喳喳，我身穿短衫，露出几分凉意，刚走进办公室，寝室长小田同学随后就进来了。

“老师，我给你说个事。”

“你说吧。”

“我们寝室里昨天熄灯了还讲话，管不住。”

“怎么回事？”

“刚开始他们还听我管劝，不一会林林又起了个话题，弄得大家都聊起来，就管不住了。”

“你的意思就是，林林是罪魁祸首，因为他不服管教，还带动了其他同学，在寝室明目张胆地说话？”

“是，就是他不服从管理。”

这可怎么办呢？怎样能够扭转他们寝室的局面呢？我思索着，让小田去把林林叫来。

一个身穿红色短衫的男孩走了进来，映着清晨的阳光，颇有几分活泼与帅气。“老师，您找我有事吗？”

我开门见山地说：“昨晚你在寝室里说话了吗？”

他也直言不讳：“说话了。”

“怎么回事呢？能具体说说吗？”

他说出了当晚在寝室里的违纪情况，接着我让他也谈谈自己的认识和打算。

“晚上就寝说话，既影响自己的休息也影响他人，休息不好，第二天学习就没有精神。我打算以后不在就寝时说话，遵守纪律。”

“你说怎么处理吧。”

“我愿意做一个星期的教室保洁工作。”

我和他周旋，实际上是在给他认识问题的时间，同时也给自己思考的时间，以便可以更智慧地处理这件事情。

惩罚他做教室保洁一个星期，意义是什么呢？惩罚是为了解决问题，让寝室纪律变好。那么，罚他做教室保洁能不能对违纪现象有帮助呢？显然是不一定，既然用处不大，还不如不惩罚，变通一下处理方式。据了解他是寝室里最不守纪律的同学，如果让他帮忙管理寝室，体验一下寝室长工作的辛苦，也许不失为一个很好的办法。

于是，我说：“这样，也不要你当教室保洁员，暂时不处理你，这账先记着，但从今天起，你要协助寝室长管理好寝室，寝室里不能再出现违纪的现象。”这里，我看似没有惩罚，实际上，还是给予了学生“另类惩罚”：协助管理寝室。其实，这里只是变通了一下惩罚的方式，而并非完全不加惩罚。这样的变通是直奔解决问题而去的，在学生从“意识到问题”到参与“解决问题”的过程中，自我约束也就是顺理成章的事情了。

这种处理方式，不仅需要老师及时意识到问题所在，更要有一个良好的心态做基础：遇到违纪学生，不疾不徐，没有“先声夺人”，而是润物细无声，给他认识问题的时间，丝毫不见对学生的半点偏见，就事论事，不株连其“历史表现”，轻描淡写间就处理了问题。在很多教育情境中，这样风过无痕的“惩罚”是十分必要的。